O QUE ATRAIU WARREN BUFFETT

EDITORA FUNDAMENTO

2009, Editora Fundamento Educacional Ltda.

Editor e edição de texto: Editora Fundamento Educacional
Capa e editoração eletrônica: Editora Fundamento Educacional
CTP e impressão: SVP – Gráfica Pallotti – Santa Maria

Produzido originalmente por John Wiley & Sons, Inc., Hobokey, New Jersey

Dados Internacionais de Catalogação na Publicação (CIP)
(Câmara Brasileira do Livro, SP, Brasil)

Helzberg Jr., Barnett C.
O Que Atraiu Warren Buffett / Barnett C. Helzberg, Jr.; [versão brasileira da editora] – 1. ed. – São Paulo, SP: Editora Fundamento Educacional, 2009.

Título original: What I learned before I sold to Warren Buffett.

1. Autoajuda 2. Sucesso 3. Motivação I. Título

08-06743 CDD-158.1

Índice para catálogo sistemático:
1. Autoajuda: Sucesso: Motivação 158.1

Fundação Biblioteca Nacional

Depósito legal na Biblioteca Nacional, conforme Decreto nº 1.825, de dezembro de 1907.

Impresso no Brasil

Telefone: (41) 3015 9700
E-mail: info@editorafundamento.com.br
Site: www.editorafundamento.com.br

Sumário

VENDENDO PARA O MELHOR INVESTIDOR DO MUNDO

(Ou como apresentar a sua empresa ao melhor investidor do mundo em 30 segundos ou menos)

Quando passei pelo Plaza Hotel, em Nova York, em uma manhã de maio de 1994, ouvi alguém chamar: "Warren Buffett!" Ao me voltar na direção da voz, vi Buffett na calçada, bastante à vontade em roupas casuais. Percebi uma grande oportunidade. Então, em meio a nova-iorquinos apressados e ao zumbido do tráfego, eu disse a ele por que deveria comprar a Helzberg Diamonds, a rede de joalherias da minha família. Minha idéia, é claro, era atrair atenção. Não é todo dia que se encontra Warren Buffettt na calçada e se consegue despertar a curiosidade dele em relação a uma empresa.

Pouco tempo depois, enviamos nossas informações financeiras, e Buffett nos telefonou, convidando para uma conversa. Disse que tínhamos muitos pontos em comum com a Berkshire Hathaway, sua holding, o que para mim soou como o maior elogio. Logo estávamos em seu escritório, em Omaha, para negociar a venda. "Este pode ser o negócio mais rápido da história", disse Buffett.

Imagine o meu orgulho quando ouvi mais tarde Buffett dizer por que decidiu comprar nossa empresa: "Nós nos associamos a verdadeiras jóias do mundo dos negócios. E considero perfeito que a Helzberg se junte a essa coleção, pois é exatamente o tipo de empresa em que gostamos de investir: conta com administração excelente, ocupa posição de liderança e está em crescimento. Eu não gostaria de ser seu concorrente. Prefiro estar do mesmo lado da cerca. E é exatamente aí que vamos ficar."

Em 1989, eu tinha comprado quatro lotes de ações da Berkshire Hathaway só para poder comparecer às reuniões anuais e absorver um pouco da sabedoria de Buffett. Ele gosta de gente e costuma dizer que grandes indivíduos conseguem grandes realizações. Outra de suas afirmações é: "Só compramos empresas em que confiamos." E confirmou isso ao comprar a Helzberg Diamonds.

Quando Buffett compra uma empresa, não o faz com a intenção de logo revender, para obter lucro. Eis o que ele nos disse: "Certa vez me perguntaram por quanto tempo conservo as ações. Respondi que para sempre."

Após adquirir a Helzberg, Buffett explicou aos acionistas: "Nossa estrutura de propriedade permite ao vendedor saber que, quando digo estar comprando para conservar, a promessa é para valer. Da nossa parte, gostamos de lidar com proprietários que se importam com o que acontece a suas empresas e a seus funcionários. O comprador tem muito menos possibilidade de ter surpresas desagradáveis quando negocia com esse tipo de vendedor do que quando trata com aquele que simplesmente oferece sua empresa em leilão." Fiel à sua palavra, Buffett não mudou um fio de cabelo na equipe de liderança da Helzberg.

Acredito que se meu pai, Barnett, e meu avô, Morris, estivessem vivos também se sentiriam orgulhosos e satisfeitos, ao ver que a empresa da família, que começou em 1915 com uma loja no Estado de Kansas e em 1994 alcançou a marca de 143 lojas em 23 Estados, com um volume de vendas de 282 milhões de dólares, estava em mãos capazes.

Como disse o próprio Buffett, ao descrever o negócio que havia começado em uma calçada de Nova York, "não estávamos falando de barraquinhas de limonada".

GARIMPANDO DIAMANTES

- Meu pai ensinou que, quanto mais alto você vai, mais encontra gente boa. O sr. Buffett confirma essa regra.
- Procure usar contratos justos, e não aqueles que fazem a outra parte pensar que você está brincando de pega-pega. A Berkshire faz isso.
- Classe e sucesso nos negócios não são mutuamente excludentes.
- Se quiser uma valiosíssima oportunidade de aprender, compre um lote de ações da Berkshire Hathaway. Assim, depois de pegar o relatório anual (disponível na internet para quem se interessar), compareça à reunião (apenas para acionistas). Diz-se que uma reunião da Berkshire vale mais que um semestre de aulas de MBA.

PARTE I – GERENCIAMENTO

1

OCUPE-SE APENAS COM OS CONTROLÁVEIS

Quando garoto, eu ficava intrigado ao ver que meu pai só se preocupava com os elementos controláveis dos negócios. Ele se negava a reconhecer a Depressão e se saiu bastante bem naquele período. Recusava-se a falar de recessões ou de nevascas que deixassem uma camada de gelo de 50 centímetros. Só pensava e falava no que podia controlar.

Eu percebia isso no dia-a-dia, pelas atitudes do meu pai. Como ele não comentava o assunto, eu nem soube que o país atravessava um período de depressão. No Dia do Trabalho, por exemplo, as pessoas sugeriam que fechássemos a loja, pois muita gente estaria fora da cidade. "Quantos vão viajar?", ele perguntava. Então, abríamos a loja e vendíamos bastante.

Papai acreditava piamente em não perder tempo com ninharias e nos ensinou a nos preocuparmos apenas com as coisas sobre as quais temos controle. Sempre pensei que ele fosse o único a pensar assim — até que descobri ser este um dos principais traços comuns a indivíduos altamente bem-sucedidos, que nunca se tornam vítimas: pegam o que recebem e enfrentam a situação. O resto é perda de tempo.

Escolhi Pogo Possum, um marsupial de cauda longa humanizado, criação inteligente do cartunista Walt Kelly, como meu santo padroeiro. Pogo disse: "Encontramos o inimigo. Somos nós." Essa filosofia deixa pouco espaço para acusações, mas com certeza pode levar ao sucesso. James Carville, estrategista da campanha dos Democratas na eleição de 1992, concorda com Pogo: "É a coisa mais inteligente que já se disse na história da humanidade." Sua opinião foi citada, há alguns anos, em um artigo da revista Time.

A filosofia de "ocupar-se apenas dos controláveis" ajuda a manter a sua atenção voltada para onde deve estar. Com esse princípio em mente, você economiza tempo e recursos. Se nada pode fazer para resolver o problema,

GARIMPANDO DIAMANTES

- Ocupe-se apenas dos controláveis.
- Nunca seja a vítima.
- Imagine-se em uma posição em que só tenha uma opção: o sucesso.

Você nem sempre pode controlar as circunstâncias,
mas pode controlar os próprios pensamentos.

Charles Popplestown

Preocupar-se é pagar juros sobre um dinheiro que não se pediu emprestado.

Anônimo

2

TORNANDO A SUA EMPRESA DIFERENTE

No caso dos diamantes, a medida mais perceptível do valor é o tamanho. Todo mundo entende que um diamante de um quilate é maior do que outro de meio quilate. Essa é a orientação básica do cliente. Por incrível que pareça, meu pai adotava para tal situação de marketing uma abordagem contrária à de praticamente todas as joalherias dos Estados Unidos. (Não esqueça que nossos clientes, naquela época, eram pessoas de renda modesta.)

De acordo com sua concepção, ele se recusava a vender como anel de noivado um solitário que não fosse "perfeito", ou seja, sem defeitos internos, com uma bonita cor, uma boa lapidação e absoluta pureza. Ainda pensava em um nome para batizar seu conceito, quando, certo dia, pegou uma caixa de bicarbonato de sódio onde se lia: "Este bicarbonato de sódio tem certificado de perfeição." Daí surgiram os Diamantes Helzberg, com Certificado de Perfeição.

Como resultado, quando o comprador entrava na loja, encontrava diamantes realmente menores. Explicávamos então que eram pedras absolutamente perfeitas, as melhores que determinada quantia poderia comprar — um símbolo do amor que o noivo sentia pela noiva.

Qual a conseqüência disso? Em primeiro lugar e acima de tudo, acredito piamente que a conseqüência mais importante foi o orgulho despertado nos funcionários de todos os níveis, por saberem que nossa postura era diferente e que nos recusávamos a vender anéis de diamante de má qualidade. Eis aí uma prova de tremendo respeito pelos clientes, que não estavam acostumados a tal tratamento.

Assim, criou-se na Helzberg Diamonds uma proposta de venda exclusiva, que nos tornou únicos e nos deu a oportunidade de dizer francamente ao comprador: "Você não precisa comprar na Helzberg, mas um diamante perfeito é melhor." Já que, naquela época, praticamente ninguém podia afirmar a mesma coisa, aquela era uma razão única e maravilhosa para o cliente preferir a Helzberg Diamonds. Nós criamos um mercado próprio – não um mercado de diamantes, mas um mercado de diamantes perfeitos. Muito mais amplo do que o conceito de Diamante Helzberg com Certificado de Perfeição foi o clima criado na organização. Acredito que aquela tenha sido a melhor decisão genuinamente estratégica tomada por meu pai.

Anos mais tarde, quando se tornou praticamente impossível conseguir pedras perfeitas, expus ao meu pai algumas razões que justificariam uma mudança de estratégia: fazia dois anos que não conseguíamos comprar um diamante oval com certificado de perfeição; a empresa estava crescendo, e muitos clientes preferiam pedras maiores. Aceitando minhas razões e, em grande parte, porque eu era seu filho, ele concordou. Conforme veio a se confirmar, por acaso a decisão foi tomada na hora certa, pois, além das razões apontadas por mim, os diamantes com certificado de perfeição tornaram-se virtualmente extintos em muitos mercados.

Eis outras técnicas incomuns adotadas por meu pai:

1. Recusava-se terminantemente a negociar preços de mercadorias. (Embora não fosse única, era certamente uma técnica incomum.)
2. Exigia que tratássemos todos os clientes com respeito, o que, em muitos casos, criou uma lealdade ímpar. Eu me lembro de um cliente que me pediu para encomendar um aparelho de televisão e vender para ele, pois não queria abrir conta em outra loja.
3. Criou o "Teenage Watch Club", uma espécie de clube

de adolescentes para a compra de relógios — uma idéia até hoje lembrada por muitos. Conforme anunciávamos, desde que os pais autorizassem, o jovem podia ir à loja e comprar a crédito qualquer relógio até 50 dólares, sem necessidade de outras assinaturas. O anúncio dizia ainda: "Nada é legalmente obrigatório neste procedimento!" Sempre verificávamos a autorização dos pais e fizemos muitos amigos com isso. A força do conceito foi comprovada certa vez, quando um policial parou meu irmão, que dirigia em velocidade acima do permitido, mas logo disse: "Como posso multar alguém que me deu a primeira chance de uma compra a crédito?" Em geral, o comprador se vê em uma situação sem saída: o crédito só é concedido se ele apresentar referências fornecidas por outra loja! Nesse caso, em quem você acha que aquele jovem pensa, quando chega a hora de comprar o anel de noivado? Somente depois de alguns anos consegui entender realmente a importância da técnica adotada. Como acontece freqüentemente, quando você fica mais velho, os seus pais lhe parecem mais espertos!

GARIMPANDO DIAMANTES

- Encontre meios de se destacar da concorrência. Demonstre uma diferença clara e explicável.
- Os princípios, e não o lucro, constroem a sua empresa.
- Os empreendedores devem sempre tratar com especial atenção uma fórmula bem-sucedida, quando quiserem melhorar e se destacar dos concorrentes.
- Se você atua em um mercado repleto e competitivo, crie o seu: não o mercado de diamantes, mas de diamantes perfeitos; não o mercado de carnes, mas de carnes da melhor procedência; não o mercado de cervejas, mas da cerveja mais saborosa.

- Seja diferente — e melhor! Você precisa de uma proposta de venda que seja única.
- Lembre-se dos tremendos benefícios para o espírito e o moral, quando você opera com princípios de que os seus associados e funcionários podem se orgulhar.

Maior não é melhor... melhor é melhor.

Vivien Jennings, Rainy Day Books, livraria comunitária, Fairway, Kansas

3

MELHOR USO DO TEMPO

Em um grupo de lojas de varejo, sempre há uma curva de desempenho, de fraco a excelente. Certa ocasião, tínhamos uma loja cujo volume de vendas era de 800 mil dólares e fazíamos de tudo para que chegasse aos 850 mil. Pela prática convencional, deve-se dedicar maiores esforços ao segmento mais fraco. Em conversa com meu amigo Steve Lieberman, de Minneapolis, o magnata do cachorro-quente, que administrava centenas de quiosques em shopping centers, ouvi dele: "Você ganha mais dinheiro fechando lojas ruins do que abrindo lojas novas."

Sua filosofia fez sentido. Concluímos ser mais interessante dedicar tempo e esforço a uma loja de 4,5 milhões de dólares, com possibilidade de chegar a 6 milhões, do que a outra com menor volume e menos potencial. Isso significa que desistíamos imediatamente quando alguma coisa não dava certo? De jeito nenhum. Se a loja precisava de pessoal excelente, merchandising adequado ou de outras variáveis controláveis, fazíamos de tudo para conseguir. No entanto, acabamos por adotar a atitude de melhorar "o rebanho" fechando, a cada ano, as lojas de desempenho mais fraco.

Quando você se decide por uma atividade, paga um preço por não ter escolhido atividades alternativas. É o chamado custo de oportunidade. Você investe o tempo e o talento dos funcionários. Qual é o verdadeiro custo de mandar uma pessoa altamente talentosa para fazer um poço seco render um desempenho mediano, em vez de entregar a ela um poço que produz e pode vir a ser um superpoço? O custo vai muito além do custo do indivíduo. Assim, o custo de apagar incêndios onde existem problemas e tapar com o dedo um vazamento no dique é extremamente alto, em termos de progresso retardado ou oportunidades perdidas.

Peter Drucker chama a isso "alimentar os problemas e matar de fome as oportunidades". A tentação é se dedicar aos problemas que parecem clamar por uma solução, mas alimentar as oportunidades pode ser muito mais lucrativo. A pergunta "O que estou fazendo me aproxima dos meus objetivos?" deve ser reformulada para "O que estou fazendo me aproxima mais dos meus objetivos do que uma atividade alternativa?"

A brevidade e o apetite insaciável das operações que geram resultados medíocres fazem perder tempo os elementos competentes que você destaca para cuidar delas, além de anularem oportunidades interessantíssimas e destinarem capital para usos não produtivos. O desafio do administrador é aproveitar as oportunidades ilimitadas para transformar funcionários talentosos em vencedores. Foi o sucesso dessa gente que produziu o alto volume médio de vendas das lojas da Helzberg Diamonds. Talvez seja esta uma razão-chave para Warren Buffett ter se tornado o maior investidor do mundo: não investir em oportunidades de recuperação, mas em empresas bem-sucedidas.

A concentração em vencedores maximiza os lucros e torna a vida muito mais divertida. Existe prazer maior do que conduzir um vencedor à linha de chegada e receber a coroa de louros? Com certeza, é muito melhor do que conseguir que um funcionário de rendimento fraquíssimo alcance um desempenho razoável.

Concentre-se na sua alavanca para o sucesso. O líder precisa ter a certeza de estar fazendo a coisa certa, bem como sua equipe. E os gerentes precisam da certeza de fazer as coisas direito. Fazer a coisa certa é componente da liderança — o que claramente compete a você. O componente "fazer as coisas direito" é tarefa dos gerentes, a quem você delegou responsabilidades. O que quer que desvie o foco do que é certo representa um obstáculo para o progresso. O investimento de esforços ilimitados em projetos fracassados não cria o sucesso.

Não subestime a incrível disciplina mental necessária para que você e os seus colegas de trabalho mantenham o foco. São muitas as alternativas maravilhosas e oportunidades sedutoras que levam à tentação de tomar outras direções. Claro que trabalhar continuamente os aspectos básicos é uma tarefa que pode se tornar maçante, em especial quando tudo vai bem. Por que não abrir uma gráfica, organizar a folha de pagamento ou diversificar os serviços, para economizar? Tais tentações desviam você do aprimoramento necessário para que os seus negócios principais sejam os primeiros do setor.

Assuma o compromisso de ser o melhor, defina o que isso significa e se concentre no que deseja, como ninguém mais no setor. Estabeleça um objetivo simples, deixe que a sua equipe desenvolva o roteiro e vá em frente!

Garimpando diamantes

- O seu foco está no seu negócio principal, naquele em que você é melhor?
- Você elimina as atividades que atrapalham o seu foco?
- Você se concentra nas oportunidades mais raras, mais poderosas?
- Menos é mais, de verdade, quando você se compromete com o "menos" que é o certo.
- Se quer alcançar o sucesso, ajuste o seu foco para os realizadores as pessoas certas ligadas a excelentes oportunidades.

Menos é mais.

Le Corbusier (1887-1965), arquiteto suíço

4

Superserviço: amigo do Empreendedor

Eu havia comprado um carro novo e examinava o material que veio com ele. A fita cassete trazia a mensagem: "Nunca leve o seu carro a um lava-a-jato." No entanto, o manual dizia: "Você pode levar o seu carro a um lava-a-jato." Liguei para o departamento de serviço da revendedora para perguntar onde estava o conselho certo — na fita cassete ou no manual. O atendente respondeu: "Traga o seu carro, pois preferimos que seja lavado aqui, sem nenhum custo!"

Ao chegar à revendedora, descobri que, das 8h30 às 15h30, seis dias por semana, os carros dos clientes são lavados de graça. Pensei que me fossem oferecer um espaço com alguma coisa para ler e uma máquina onde pudesse comprar uma Coca-Cola diet. Pois encontrei não somente a sala de espera, mas também refrigerantes à vontade! E, quando perguntei se havia um telefone que eu pudesse usar, me mostraram dois, sendo um deles em uma salinha reservada.

A empresa oferecia um serviço excepcional. Eles me conquistaram, ao oferecer a lavagem e o refrigerante grátis. Passei a gostar ainda mais do meu carro. Antes, ia à revendedora somente quando precisava de algum serviço ou queria comprar um carro novo. Eram visitas raras e nem sempre agradáveis. Ao oferecer serviços adicionais, eles passaram a me ver com muito mais freqüência e em um estado de espírito muito melhor! Já penso no meu próximo carro – que certamente vou comprar lá.

Naquele mesmo dia, fui à mercearia fazer compras. Em casa, ao arrumar as mercadorias, reparei que a embalagem trazia impresso o número do telefone residencial dos proprietários, Mike e Libby, junto da sugestão para que o cliente entrasse em contato, caso não tivesse ficado satisfeito. Eles não haviam somente espalhado cartazes pela loja, dizendo como a satisfação do cliente era importante. Era verdade mesmo! Neste exemplo, fica claro que os donos do negócio se responsabilizavam por um bom serviço.

Embora eu não tivesse motivo para me comunicar com os proprietários, a informação impressa no saco de compras me fez acreditar neles.

Al e Nancy adquiriram a franquia do iogurte TCBY (The Country's Best Yogurt) em 15 de maio de 1996. Em meados de 2002, o volume de vendas era praticamente o dobro. Em longas filas, os compradores esperavam pacientemente para serem atendidos. Por que os negócios dobraram, se o local e o produto eram os mesmos e não houve nenhum milagre econômico especial?

Eis o que pensa Nancy: "Tudo se resume a servir o cliente, dando-lhe toda a atenção; a não se prender a horários, mantendo a loja aberta até mais tarde, caso as pessoas ainda estejam chegando; a exibir um quadro de avisos que, logicamente, inclui fotografias de Emma, nossa primeira neta; a ajudar idosos a ler o cardápio; a instruir a equipe de funcionários no sentido de decorar os nomes de cinco clientes a cada semana (apresentando-se ao cliente e perguntando seu nome, para em seguida explicar o motivo e prometer uma cobertura grátis para o iogurte, caso não memorize); a envolver nosso filho, Jess, e sua esposa na administração da loja, de vez em quando. Além disso, proporcionamos muito treinamento aos funcionários, para que saibam o que esperamos deles.

Eles constroem relacionamentos. Meu primo George me telefonou contando que soubera por meio de Nancy que eu iria ter um neto. Recepção é sempre calorosa, acompanhada de perguntas do tipo: "Como vão as coisas na escola?"

Nancy e Al já rejeitaram várias ofertas de lojas em outros lugares, preferindo construir uma pequena mina de ouro em vez de uma grande mina de prata. No futuro, pode ser que pensem em uma segunda loja, administrando uma ou a outra. Tenha a certeza de que, como cliente fiel, espero que Al e Nancy nunca me abandonem!

O serviço excelente existe — mas é raro, para sorte dos empreendedores. Que oportunidade para os ambiciosos, enquanto o superserviço não for lugar-comum (jamais será). Lembre que o que faz o superserviço é o olho do dono. E não é preciso gastar muito. Memorizar o nome do cliente e seus gostos e demonstrar uma atitude amistosa, em vez da simples vontade de vender, são meios de conseguir a fidelidade que você deseja. Que tal um bilhete escrito à mão, apenas para agradecer pela presteza do pagamento ou pelos negócios realizados?

Na Helzberg Diamonds, tínhamos todo o prazer em limpar anéis em nossas máquinas ultra-sônicas e trocar baterias de relógios, sem custo algum para os clientes. Na verdade, o importante não é o ato em si, mas a forma como se faz. Eu sempre disse que "conhecer as pessoas é gostar delas". Prefiro comida ruim e bom atendimento a comida boa e mau atendimento. (Se quiser ler um ótimo livro de histórias de terror e histórias de sucesso sobre atendimento ao cliente, vai gostar de WAIMISH... *Why Are You Making It So Hard... for me to give you my money?* – Por que você dificulta tanto as coisas, quando quero lhe dar o meu dinheiro?, em tradução aproximada – de Ted Cohn e Ray Considine.)

Você pode prestar um serviço maravilhoso e cativar o cliente, tornando mais agradável a vida de todos e fazendo a empresa crescer. Grandes empreendedores reconhecem que a meta é proporcionar uma experiência espetacular. Não basta oferecer qualidade, preço e serviços. Agora, a pergunta-chave: como fazer isso na sua organização?

Você deve reforçar positivamente o bom serviço prestado ao cliente. Na Helzberg Diamonds, envio bilhetes de agradecimento que eu mesmo escrevo aos funcionários elogiados pelos clientes.

Os bilhetes ficam por algum tempo no quadro de avisos. Quando levei meu carro para um conserto, o responsável pelo serviço se apresentou e me disse que a fábrica iria querer saber a minha opinião sobre o atendimento. Ao me devolver o carro, o gerente escreveu na nota fiscal que eu deveria procurá-lo, caso não ficasse inteiramente satisfeito.

O outro lado da moeda é que você deve agir rapidamente quando é prestado um mau atendimento ao cliente, desenvolvendo entre os funcionários uma mentalidade do tipo "três furos e você está fora". Não aceite um serviço que não seja o melhor. Esta deve ser uma das máximas da sua cultura de negócios. A qualidade do serviço prestado ao cliente não é negociável.

GARIMPANDO DIAMANTES

- O mau serviço dos concorrentes oferece a você oportunidades ilimitadas. Aproveite.
- Vá além das expectativas do cliente. (Prometa pouco e faça muito.)
- Faça da fidelidade do cliente (valor a longo prazo) — e não apenas da satisfação — a sua meta primordial.
- Recompense e reforce o bom serviço prestado ao cliente.
- Com os funcionários que prestarem mau serviço ao cliente, adote a política "três furos e você está fora".

AS LEIS DE MAX©

1. Este restaurante é administrado para prazer e satisfação dos clientes, e não para a conveniência de empregados ou de proprietários.
2. Se um dos nossos funcionários perguntar "Está tudo bem?", você terá direito a uma rodada de drinques. Aqui, só fazemos perguntas que valem a pena.

3. Pegue a mostarda e o *ketchup* antes de receber o hambúrguer, o sanduíche ou a batata frita.
4. Detestamos batatas fritas encharcadas. Se não estiverem crocantes como você gosta, devolva. Talvez o pessoal da cozinha entenda a mensagem.
5. *Corned beef* e *pastrami* são gostosos com um pouco de gordura. No entanto, com os cuidados tomados atualmente com a alimentação, apresentamos esses alimentos magros. Assim, se preferir o sabor tradicional, peça um pouco de gordura. Ou, se não quiser gordura alguma, que tal carne de peru ou *pastrami* de peru?
6. A carne de peru é sempre fresca. Ponto final.
7. Nosso chá é gelado individualmente. Despeje sobre um grande copo de gelo.
8. Você vai adorar nossos pães e doces, preparados diariamente na padaria e na cozinha do Max.
9. Atenção: nossos pães têm a casca crocante. Se preferir pão macio, coma a parte de dentro.
10. Nossas coberturas de sorvete são motivo de orgulho para nós. Vêm de Nova York, preparadas por um chocólatra que se recusa a fazer terapia. São as melhores do país. E não dizemos isso à toa.
11. Você pode comer aqui coberturas de sorvete que vêm de Nova York. Economize a passagem aérea.
12. Aqui, tanto é um bom lugar para quem faz como para quem não faz dieta.
13. Nossas sobremesas são servidas em porções generosas, porque nada melhor do que o excesso. Se não estiver com muita fome, sugerimos que divida a comida com alguém.
14. Não nos importamos de fazer substituições. Deixe de timidez. Você tem boca. Use.
15. Para preparar alimentos fritos e *sautés*, usamos óleo livre de colesterol, mas todos eles podem ser grelhados, sem gordura alguma.
16. Se você estiver só e ouvir a pergunta "Só uma pessoa?", o jantar fica por nossa conta.
17. Para nós, o cliente sempre tem razão. Se houver algum problema com a comida ou com o serviço, chame o gerente; vamos resolver em um piscar de olhos. Mas, se você comer tudo, é sinal de que não estava tão ruim, não é mesmo?

Cardápio do Max's Opera Cafe® de Palo Alto. © 1985 Max's World Inc.

5

MANTENDO CLIENTES

Com a finalidade de angariar contribuições para o fundo anual da escola de negócios da University of Michigan, onde estudei, escrevi a várias pessoas, perguntando por que haviam interrompido suas doações anuais. A resposta comum a todas foi que só ouviam falar da universidade na época de mandar dinheiro! Não era assim que pensava o pessoal da instituição. Para eles, os caros informativos que publicavam, preparados por profissionais, eram suficientes para mostrar aos doadores a importância de sua contribuição. Mas o que vale é como o doador se sente.

A situação em que mais aprendi sobre a retenção de clientes foi quando tomei o café-da-manhã com Howard Boasberg, meu colega de quarto na faculdade que, depois de formado, se mudou de Buffalo, Nova York, para a cidade de Kansas. Howard era um tremendo sucesso na área de relações públicas. Terminada a refeição, eu havia entendido que boa parte do sucesso de Howard se devia a "colocar-se no lugar do outro". Ele me disse que as empresas, em sua maioria, só se aproximam dos clientes uma vez por ano, quando enviam um questionário para saber se estão satisfeitos com a qualidade do serviço oferecido. Howard agia de outra forma: fazia isso ao vivo e freqüentemente.

Sua estratégia era explicar em detalhes ao cliente o quanto ele teria a pagar pelo serviço que estava contratando. Segundo Howard, a principal causa de desentendimento em relacionamentos profissionais são as falhas na comunicação — evitáveis — e não a qualidade do trabalho.

Como cliente que fui de várias organizações, concordo com a filosofia de Howard Boasberg. Então, o usuário de serviços profissionais não merece esse tratamento? E os seus clientes? Com que freqüência você entra em contato com eles, para fortalecer o relacionamento e saber de possíveis queixas? Como melhorar o serviço que presta a eles?

Isso se aplica aos seus clientes internos — os funcionários. Você precisa se convencer da satisfação, da qualidade e da correção do comportamento dos que fazem parte da organização. Afinal, tudo passa por eles. A real atitude da empresa (e não apenas as declarações de visão e missão) faz com que tenham orgulho de seu trabalho? A resposta a essa pergunta contribui para decisões mais acertadas. Você se orgulharia de ser um funcionário da sua empresa?

GARIMPANDO DIAMANTES

- Não espere que a insatisfação se manifeste para começar a "mimar" o cliente. Tome a temperatura do relacionamento freqüente e pessoalmente.
- Invista nos clientes atuais. Não se volte para novos negócios à custa dos que até então sustentaram a empresa.
- Conquiste os funcionários pelos seus atos, como faz com os clientes.

Para alcançar o sucesso, ponha o coração nos negócios e os negócios no coração.

Thomas Watson (1914-1993), presidente da IBM

6

Clientes insatisfeitos: A sua maior oportunidade

Em um escaldante dia de verão, um homem dirigia pela estrada, quando um dos pneus do carro estourou. Ao abrir a mala, o alívio que sentiu ao encontrar o estepe logo foi substituído pela frustração ao ver que não tinha macaco. O jeito foi caminhar até o posto de gasolina mais próximo, que ficava a quase dois quilômetros de distância.

Enquanto caminhava, molhado de suor, começou a pensar que talvez o frentista não quisesse emprestar um macaco. Já que podia contar com o estepe, ele pretendia deixar para depois o conserto do pneu furado. Assim, o que o frentista ganharia ao ajudá-lo? Quanto mais andava, mais zangado ficava o homem. Estava então convencido de que não conseguiria o macaco emprestado.

Chegou ao posto de gasolina tão furioso e cheio de calor que agarrou o funcionário pelos ombros e perguntou:

— Por que você não quer me emprestar o macaco?

Na Helzberg Diamonds, essa é o que chamamos "A História do Macaco", que usamos para ilustrar um sério desafio enfrentado pela filosofia do bom atendimento: o cliente irritado e desconfiado. Às vezes, o cliente já foi muito maltratado em outras situações e chega temendo encontrar um péssimo serviço. Sente-se tão desconfortável ao pedir ajuda, ou tão certo de que suas queixas serão ignoradas, que adota uma atitude defensiva ou mesmo agressiva. No entanto, esse cliente representa uma ótima oportunidade para a construção de um relacionamento sólido que resulta em lealdade e boas referências.

Na verdade, estou convencido de que os melhores clientes são aqueles que chegam a você furiosos, mas são desarmados pela sua disposição em ouvir as reclamações e respondê-las com simpatia. Eles vão embora sentindo-se especiais, pois você deixou outras atividades de lado para resolver os problemas deles. São esses clientes que voltam para outros negócios, certos de que sairão satisfeitos.

Eu me lembro de uma senhora que entrou com ar sério na loja da Helzberg Diamonds em Des Moines, Iowa, levando uma peça quebrada de louça Melmac. Vendemos milhares de conjuntos Melmac, a 29,95 dólares, acompanhados de garantia permanente contra quebra. Apesar disso, a postura da compradora demonstrava sua certeza de que a loja procuraria um meio de fugir ao compromisso.

Ao contrário do que a senhora esperava, L. W. Montgomery, o gerente da loja, ouviu atentamente as queixas, deixando-a à vontade. Ele, então, disse o quanto lamentava o incômodo causado e, sem mais uma palavra, foi ao depósito e trouxe uma peça para substituição. A senhora ficou tão encantada pelo esforço em mantê-la como cliente que se demorou um pouco mais na loja e comprou um relógio. Talvez ela precisasse mesmo, mas poderia ter comprado em outro lugar. No momento em que entrou na Helzberg, zangada, com certeza não pensava em fazer compra alguma. Que lição se tira daí? Ofereça serviço com cortesia e presteza e conquiste o cliente para a vida toda.

Mais tarde, para fazer pilhéria com Montgomery, sugeri que colocasse uma peça quebrada em cada caixa de louça Melmac; assim, teríamos oportunidade de mostrar que a garantia Helzberg era para valer. Brincadeira, claro. Mas o importante é mostrar ao cliente o seu interesse por ele. Em vez de hesitar, resolva com alegria o problema do cliente. E agradeça. Papai sempre dizia: "Você tem mesmo que cuidar do cliente. Então, por que não tirar daí alguma vantagem?"

Ele estava certo. Um artigo publicado recentemente no *Wall Street Journal* explicou o incrível valor de reverter a insatisfação de um cliente, comparado ao valor de um cliente leal. Resultado: a lealdade é muito mais valiosa do que a simples satisfação. O conceito da FedEx para o cálculo do valor da lealdade por um período de tempo (20 mil dólares por ano × 20 anos = cliente de 400 mil dólares) é um bom exemplo. O fato de um cliente procurar a empresa para fazer uma queixa deve ser motivo de orgulho. A maior perda que você pode sofrer são os clientes que, em vez de reclamar sobre um problema, dizem a todos os conhecidos que "jamais voltariam a fazer negócio com aquela empresa nojenta".

Segundo um estudo que li, calcula-se que um cliente insatisfeito conta a 18 pessoas sobre sua experiência negativa. Que grande oportunidade perdida! Eu prefiro que os clientes insatisfeitos contem como resolvemos os problemas deles. O cliente que se queixa é um tesouro a ser muito bem cuidado e potencialmente muito mais valioso do que o cliente satisfeito. Pense em espalhar esta idéia entre os seus funcionários, de modo que vejam o cliente insatisfeito como uma verdadeira oportunidade, e não como um problema.

Garimpando diamantes

- Reconheça sempre a necessidade de estabelecer uma relação de empatia com os clientes. Use "A História do Macaco" como ilustração.
- Cuide dos clientes insatisfeitos com potencial de virem a ser leais e dispostos a dar boas referências da sua empresa (e não apenas satisfeitos).
- Corrija o problema com um sorriso, deixando o cliente satisfeito. Se você vai cuidar dele de todo modo, por que não tirar daí alguma vantagem?

O objetivo não é satisfazer o cliente, mas deixá-lo encantado.

Anônimo

7

GERENCIANDO O RISCO

Quando a empresa começou a expandir a área de atuação para distritos comerciais vizinhos, depois da Segunda Guerra Mundial, muitos disseram que não fazia sentido, mas meu pai insistiu. Para ele, o mercado não tinha sido bem explorado pelos concorrentes. Em muitos casos, o que se denominava joalheria não passava de uma relojoaria bem sortida. A Helzberg Diamonds investiu em lojas com linha completa de jóias, muitas das quais alcançaram grande sucesso.

Em uma de minhas idéias, levei a empresa a uma incursão pela venda de aparelhos auditivos pelo reembolso postal. O negócio estaria ligado (ou assim pensava eu) a uma bem-sucedida divisão de pedidos pelo correio, que operávamos na época. Sugeri que usássemos a lista de endereços de clientes idosos para oferecer aparelhos auditivos a 29,95 dólares. Para mim, a empreitada seria previsivelmente um sucesso, uma simples questão de calcular a porcentagem de pedidos que receberíamos em resposta à correspondência enviada. Só não foi previsto o fato de que aparelhos auditivos são um artigo individual, como os sapatos. Vendemos 40 mil aparelhos a 29,95 dólares. Mais de dois terços voltaram, por não caberem nos usuários.

A lição que aprendi foi: se tivesse agido com um pouco mais de calma e maturidade, poderíamos vender algumas centenas de peças e esperar para ver o desenrolar da história. Um teste inclui todas as fases, inclusive a espera pelos resultados. Claro que eu errei, por não ouvir meu pai, que todos os dias, ao passar pelo balcão de despacho de mercadorias, dizia: "muitos vão voltar". Acho que antecipei o fenômeno "pontocom". Ainda bem que o mundo não ficou sabendo disso!

O empreendimento malsucedido não afetou o nosso negócio principal de jóias, e usamos a opção de devolver ao fabricante os aparelhos auditivos não vendidos. Tínhamos negociado isso antecipadamente, como forma de reduzir os riscos da entrada em um negócio inteiramente novo — que claramente não entendíamos. O que poderia ser um desastre acabou não sendo tão grave, por causa da rede de segurança: a devolução de mercadorias não vendidas.

Empresas bem-sucedidas aprendem a gerenciar riscos. O risco da queda não me impede de esquiar. Eu gosto de esquiar, apesar (e possivelmente, até certo ponto, por causa) dos riscos.

No setor de varejo, uma loja nova sempre envolve riscos. No entanto, existem maneiras de minimizar esses riscos. Se uma joalheria fazia 2 milhões de dólares por ano em um shopping, sabíamos que haveria negócios para nós, caso abríssemos uma loja no mesmo shopping. Para reduzir os riscos de cometer erros em matéria de preços, publicidade ou merchandising, estudávamos o mercado exaustivamente. O estudo, porém, sempre chegava à conclusão que o fator-chave do sucesso eram as pessoas. Nós acreditávamos no nosso pessoal. Tínhamos a certeza de que nossos funcionários sabiam operar uma loja melhor do que ninguém. Assim, para reduzir os riscos da entrada em um novo mercado, transferíamos para lá bons gerentes e funcionários de lojas bem-sucedidas.

Sempre tivemos o cuidado de avaliar os riscos em relação a vários aspectos. Que nível de risco podemos assumir atualmente? Qual a importância da oportunidade? Estamos comprometendo a fazenda toda ou somente uma parte dela? Os níveis de risco variam com a magnitude do esforço. Ninguém está livre de cometer um erro de julgamento em relação às chances de sucesso de determinado negócio. Imagine o pior resultado possível e veja se consegue lidar com a situação financeira e emocional. Nunca se esqueça de deixar uma margem de segurança para acontecimentos imprevisíveis: inundações, incêndios, estiagem e 11 de setembro.

Um teste preliminar também pode reduzir o risco de uma nova empreitada. Quando tínhamos uma idéia radical, por exemplo, nós a testávamos primeiro. Assim, podíamos focar a correção e os ajustes do procedimento. "Erre pouco e acerte muito" passou a ser o meu mantra, depois de alguns erros. A nova idéia sempre envolve ajustes. Primeiro, elimine os erros; *depois* desenvolva a idéia. Sempre que possível, vá devagar, ao iniciar um novo empreendimento.

Outra maneira de minimizar os riscos é estudar minuciosamente o mercado. Muito se tem a aprender com o sucesso dos concorrentes. Nem sempre se pode julgar o próprio potencial de sucesso com base no insucesso alheio. Só porque alguém não consegue ganhar dinheiro em certo mercado, não quer dizer que você não consiga. Talvez o seu concorrente simplesmente não tenha feito um bom trabalho, deixando de explorar possibilidades.

Estranhamente, com o advento dos shoppings fechados, nós (a terceira geração dos Helzberg) pegamos no sono e entramos atrasados no jogo. Com nossa lentidão, quase destruímos a empresa, mas, com um pouco de sorte e muito esforço, conseguimos corrigir o erro e recuperar o tempo perdido.

Finalmente concluímos que éramos capazes de alcançar o sucesso e gerenciar os riscos. Tínhamos uma joalheria em um shopping em Overland Park, um bairro da cidade de Kansas, no Estado de Kansas, cujas vendas cresciam continuamente. Além de contarmos com gerenciamento excelente e vendedores orientados para o serviço, sabíamos precificar de forma atraente as mercadorias. Assim, avançamos no mercado, abrindo várias lojas em shoppings. No Cinderella City Shopping Center, na área de Denver, aprendemos que, com uma grande equipe e uma boa localização, uma joalheria desconhecida pode fazer bons negócios.

A recompensa foi enorme, resultando em oportunidades de crescimento para a empresa virtualmente ilimitadas. Quando vendemos a empresa, em 1995, o volume médio de vendas por loja tinha alcançado mais de 2 milhões de dólares. Na época, tínhamos 143 lojas, a maior parte delas localizadas em shoppings.

Garimpando diamantes

- Não se pode evitar o risco. Para minimizar os riscos, você pode avaliar o pior resultado possível em comparação com as recompensas em potencial.
- Quer faça uma mudança ou não, você sempre estará correndo riscos.
- Ao entrar em um novo empreendimento, analise cuidadosamente as maneiras de reduzir os riscos.
- Restringir-se a negócios conhecidos reduz o risco.
- Lembre que você não sabe o que não sabe.
- O maior risco pode ser não correr riscos.

Assuma riscos calculados — o que não significa ser imprudente.
George S. Patton (1885–1945), general, herói de guerra

Você erra todas as jogadas que não faz.
Wayne Gretzky, jogador profissional de hóquei

8

DEVEM OS INCENTIVOS SE BASEAR EM LUCRO OU EM VOLUME DE NEGÓCIOS?

Um dos piores planos que coloquei em prática foi recompensar os gerentes exclusivamente com base no lucro, esperando assim fazer com que agissem como donos do negócio. O plano não deu certo porque alguns gerentes de loja se tornaram excessivamente preocupados com as despesas gerais, deixando as vendas de lado. Um deles procurou meios de reduzir a conta da luz; outros decidiram manter o estoque extremamente baixo, por causa das despesas de manutenção. O lucro, quando adotado como único padrão de medida, incentiva os gerentes a se concentrarem nos aspectos errados, desviando o foco de seus esforços!

Isso mudou em 1970, quando Martin Ross assumiu o cargo de vice-presidente executivo da empresa. Ele se uniu a Ron Atcheson, nosso vice-presidente de operações, formando uma equipe extraordinariamente talentosa. Essa equipe decidiu que os executivos cuidariam da folha de pagamento e das despesas, deixando que os gerentes de loja se concentrassem em vendas, vendas, vendas. E foi o que aconteceu! As lojas mantiveram o foco nas vendas, o que elevou o volume médio, fazendo a empresa crescer.

O conceito que mais demorei a entender completamente foi a relevância do lucro e do volume de vendas. Ainda bem que tive a felicidade de trabalhar com gente que sabia como é importante equilibrar os dois aspectos.

E quanto ao gerenciamento executivo? Deve o lucro ser o único interesse e o único objetivo? De modo algum! Depois de 39 anos de aprendizagem no mundo dos negócios, vejo meus funcionários agirem com bom senso, ao decidirem que bônus devem estar baseados no volume de vendas e no lucro líquido. Ninguém deve trabalhar visando a um bônus dependente apenas do lucro. *Isso estimula o pensamento a curto prazo.* No entanto, criamos bônus, sim, mas baseados parte no lucro e parte no volume.

Os lucros são a curto prazo e o volume é a longo prazo. Se o seu volume de negócios vem crescendo (e você não "distribuiu de graça mercadorias ou serviços"), é sinal de que conquistou novos clientes ou melhorou os antigos — ou, ainda, fez as duas coisas ao mesmo tempo. Esse aumento tem tudo a ver com as decisões de compra dos clientes. Quer dizer que você e os seus funcionários estão fazendo um trabalho melhor, e os clientes aprovaram! O aumento de vendas é vital para o futuro da empresa.

O lucro é uma necessidade, com certeza. No entanto, como única medida, pode ser perigoso, ao levar a decisões que não funcionam a longo prazo. O segredo é o equilíbrio entre lucro e volume de vendas.

GARIMPANDO DIAMANTES

- Lucro é a curto prazo. É o *subproduto* de um trabalho bem-feito.
- Volume de vendas é a longo prazo. O crescimento do volume de vendas lucrativas em empreendimentos já existentes (lojas, fábricas, etc.) é fundamental para o sucesso. Em varejo, é o que se chama de mais vendas no mesmo lugar.
- Concentre-se em vendas ou em lucro e vendas, conforme a pessoa que recebe o incentivo e o nível de controle que ela tem sobre vendas ou lucros.

Equilíbrio — a meta definitiva.

Ricky Lankford

9

CONSULTORES: RUÍNA OU VANTAGEM PARA OS DOIS LADOS?

Erwin, um brilhante consultor e contabilista, visitou a Helzberg e, por uma soma vultosa para aqueles dias (100 dólares por dia), examinou as nossas operações e fez sugestões. Devido à boa qualidade das sugestões, nós o convidamos para uma segunda visita. No entanto, a conta dessa vez foi de 300 dólares por dia! Quando eu disse que não estava entendendo, ele explicou:

— Mas vocês não fizeram nada do que sugeri na primeira visita.

Eu mereci ouvir aquilo!

Erwin tinha razão. Para que gastarmos o nosso dinheiro e o tempo dele, se não íamos pôr em prática as sugestões dele? Ele não tinha a menor intenção de incentivar o desperdício.

A velha história do consultor que lhe pede o relógio emprestado, diz que horas são e fica com o relógio pode ser válida. Consultores devem ser investigados, tal como outros contratados de igual importância. Às vezes, descobrimos que alguém de fora pode trazer boas idéias, mas o fundamental é a implementação. Se a sua equipe se ressente e não se mostra receptiva a novas idéias, ou se estas não geram um cronograma nem um acompanhamento, o seu dinheiro e o seu tempo serão desperdiçados.

Qual é a maneira certa de receber um consultor? Plante as sementes com antecedência. Avise pessoalmente aos envolvidos que pretende solicitar ajuda externa em determinada área dos negócios. Eles estão mais perto dos problemas do que você e, portanto, mais capacitados para definir os desafios enfrentados. Para obter os melhores resultados, discuta detalhadamente as sugestões do consultor e outras apresentadas pelos próprios funcionários — que podem ser ainda melhores —, bem como a implementação delas. Vai valer a pena!

Boa parte do que digo se aplica igualmente a consultores pagos ou não, sejam estes amigos ou mentores. Se você não valoriza as idéias deles, por que tomar o tempo deles e o seu, tão precioso? O tempo é o recurso mais valioso. Quando você investe em um certificado de depósito, o banco lhe dá mais dinheiro, ao fim de um ano. Mas o tempo não aumenta.

Garimpando diamantes

- Lembre-se de Erwin! Se não pretende pôr em prática as sugestões, não gaste tempo nem dinheiro.
- Analise e discuta cada idéia em separado. Assim, estará estimulando o grupo a apresentar outras idéias, talvez melhores.
- Oriente-se para a ação. Faça uma lista das etapas a serem cumpridas. Defina os responsáveis, a forma de avaliação e as datas de conclusão. Promova reuniões regulares, para analisar o progresso do grupo envolvido.
- Se a atitude do seu pessoal for de ressentimento, ciúme ou irritação, não desperdice o seu tempo com consultores. Você precisa do apoio dos funcionários.
- O maior perigo é a equipe se interessar, mas não fazer progressos. Você precisa do bebê, e não do trabalho de parto! A avaliação semanal ou mensal e o relatório dos progressos alcançados são de absoluta necessidade.

A mudança é uma porta que só abre por dentro.

Terry Neil

10
MANTENDO O EGO SOB CONTROLE

"Barnett, toda vez que você se ausenta da cidade, as coisas correm às mil maravilhas", costumavam dizer os meus colegas. Claro que falavam em tom de brincadeira, mas sempre tomei essas palavras como elogio. Com a certeza da mortalidade, sempre pensei que, se fizesse um bom trabalho, a empresa não seria prejudicada pelo meu desaparecimento. Acredito que isso tenha sido comprovado, pois a Helzberg Diamonds continuou a crescer e tem batido recordes de lucro, depois de vendida para a Berkshire Hathaway.

Aquele que sabe que sua empresa continuará a prosperar se ele morrer amanhã pode se considerar um bom líder. Quando fiz a venda para Warren Buffett, tinha a certeza de que a Helzberg Diamonds seria cada vez melhor. Ela não precisava de mim para ser uma empresa de sucesso. Esta foi uma das razões do interesse de Buffett. E depois da compra ele não fez uma mudança sequer no gerenciamento.

Muito se pode aprender em *Good to Great*, o ótimo livro de Jim Collins publicado no Brasil sob o título *Empresas Feitas para Vencer*. Uma das revelações surpreendentes sobre empresas que passaram de boas para excelentes foi a humildade de muitos de seus líderes. Em boa parte dos casos, eles não são as celebridades carismáticas que se poderia esperar; talvez você nem reconheça seus nomes.

Muitas grandes companhias se metem em problemas porque seus líderes não estabelecem um plano de sucessão. Mas as pequenas empresas e os pequenos empreendimentos também podem aproveitar a lição. Se a alma da empresa gira em torno do empresário, sua sobrevivência a longo prazo é questionável. Na verdade, os empresários que colocam o ego à frente da saúde da empresa não pensam nas pessoas que, no passado, ajudaram a criá-la e têm interesse em seu futuro. Os líderes que se acreditam indispensáveis, pensando que, sem eles, a empresa vai desmoronar, deveriam ser jogados em óleo fervente. Na minha opinião, é um motivo de orgulho poder afirmar que a sua empresa continuará a crescer depois que você não estiver mais lá, por causa das pessoas talentosas que contratou; pessoas a quem não é preciso dizer o que fazer.

O seu nome na porta de um belo escritório não lhe garante a posse da verdade. Muitos dos chamados gurus do mundo empresarial afirmam que o ego é bom e "se você fez, não está contando vantagem". Lamento, mas não concordo. Acho contraproducente, um falso sentido de vaidade. Quem possui uma confiança saudável na própria capacidade não precisa inflar o ego.

O ego simplesmente atrapalha. Um dos mais desconcertantes e infelizes aspectos do sucesso é a incapacidade de lidar com ele. Na verdade, pode ser mais difícil conviver com o sucesso do que com o fracasso. Eu sei, porque já experimentei os dois. (Devo confessar que prefiro o sucesso, mesmo com todos os seus desafios.)

Um efeito colateral desagradável pode ser uma crescente dificuldade em ouvir o que dizem os outros e a convicção de estar sempre certo. É como se um fungo invisível crescesse nas orelhas de indivíduos bem-sucedidos nos negócios, bloqueando tragicamente sua audição. Quem tem o ego descontrolado muitas vezes não consegue conviver com pessoas inteligentes. E fica pior sem elas.

Gosto muito da idéia de que Deus nos mandou Mozart para reforçar a nossa humildade. Fui abençoado com muitas oportunidades de me manter humilde e acredito que a atitude mais inteligente a tomar, como líder, é ser o mais quieto do grupo. Eu nunca me enganei. Nossos negócios começaram realmente a crescer quando contratei gente mais talentosa do que eu. Muitas vezes, tudo o que eu tinha a fazer era não atrapalhar. Essas pessoas excepcionais transformam nossos sonhos em realidade e vão além. Se você não se importa com quem vai ficar com os créditos pelo sucesso, pode conseguir qualquer coisa.

GARIMPANDO DIAMANTES

- Um perigoso efeito colateral do sucesso pode ser uma crescente incapacidade de ouvir conselhos valiosos.
- O ego pode criar uma barreira entre você e as pessoas talentosas de cuja ajuda necessita para alcançar o sucesso.
- Se você não se importar de ficar ou não com os créditos pelo sucesso, conseguirá realizar os seus sonhos.

O mau líder é aquele que as pessoas desprezam.
O bom líder é aquele que as pessoas respeitam.
O ótimo líder é aquele cujos liderados dizem "fomos nós que fizemos."

Lao Tsu (c.604-c.531 aC), filósofo taoísta chinês

Os grandes crescem, os pequenos incham.

B. C. Helzberg

11

Estabelecendo metas específicas e mensuráveis

Certo dia, em 1970, visitei a nossa loja do Crossroads Mall, na cidade de Oklahoma. Lá, Jim Fisher, o gerente, me chamou para dar uma volta. Quando estávamos sozinhos, ele me pediu que não dissesse a sua equipe que tínhamos estabelecido em 20 mil dólares a média mensal de vendas para aquela loja. A princípio, fiquei surpreso. Jim era um dos nossos melhores gerentes. A média mensal de 20 mil dólares com certeza estava dentro de suas possibilidades.

Ele deve ter percebido minha surpresa, pois abriu um largo sorriso e explicou: o problema não eram os 20 mil dólares. Ele e seus funcionários tinham estabelecido uma média mensal de 40 mil dólares. O dobro! A equipe da loja alcançou 38 mil dólares em vendas, portanto 90% acima do que o escritório central esperava. Pense em elevar as suas expectativas.

A experiência que tive com Jim chamou minha atenção para o poder das metas ambiciosas, porém realistas. Quando você tem suficientemente altas expectativas, estende a mão para as estrelas. E pode alcançar a Lua! As metas levam você a organizar o tempo, determinar prazos, estabelecer prioridades e assumir responsabilidades. Metas tangíveis também lhe permitem avaliar o seu desempenho. Os membros da equipe de vendas de Jim, por exemplo, sabiam exatamente o que se esperava deles e haviam calculado quanto cada um deveria fazer, em média, por hora. As expectativas eram claras, alcançáveis e mensuráveis. A meta não era apenas aumentar as vendas, mas fazer 40 mil dólares.

As metas individuais incentivam os funcionários a agir em prol do sucesso da empresa. As metas mensuráveis permitem recompensas e comemorações. Outra lição que aprendi com Jim foi que, em nove vezes de cada dez, os funcionários estabelecem para si metas mais ambiciosas do que seriam aquelas estabelecidas pelos líderes.

Aqui estão outros lembretes acerca de como devem ser as metas:

- tangíveis e realistas.
- mensuráveis.
- com prazo determinado para a execução.
- comunicadas claramente a todos.
- ligadas a recompensas, desde que alcançadas ou superadas.
- limitadas em número (não mais de três para alcançar um bônus), de modo que seja mantido o foco.

GARIMPANDO DIAMANTES

- Estabeleça metas ambiciosas. Estique a mão para as estrelas. (Você pode alcançar a Lua!)
- O estabelecimento de metas permite que você avalie o quanto avançou.
- Nunca, jamais diga a alguém que faça o melhor. Comunique expectativas específicas.

O indivíduo que alcança o sucesso é aquele que olha diretamente para sua meta e avança para ela resolutamente.

Cecil B. de Mille (1881-1959), diretor e produtor de cinema

12
ACREDITAR NAS PESSOAS

Quando nossa empresa estava começando a crescer, implementamos regras, acreditando ser este um bom modo de evitar a repetição de ações mal orientadas. Quando alguma coisa ia mal ou alguém cometia um erro, acrescentávamos outra regra. Chegamos a um ponto em que o que mais crescia era a lista de regras. Os funcionários tinham medo de agir por conta própria e ficavam tão nervosos que acabavam errando. Finalmente, alguém disse que tantas regras haviam formado um feio emaranhado de políticas que, em vez de incentivar, desencorajava as pessoas.

Foi então que vimos a luz. Embora alimentássemos altas expectativas para as lojas e os funcionários, criamos regras sem sentido, que impediam os mais ativos de exercitar o talento e a iniciativa que certamente os levariam a alcançar e, em muitos casos, superar as expectativas. As pessoas que trabalhavam para nós deviam ser talentosas, é claro. Senão, por que teriam sido contratadas? Então, por que não acreditar em sua capacidade e deixar as coisas acontecerem?

Em vez do medo de errar, nossos funcionários começaram a expressar segurança, ao ver que confiávamos nas decisões tomadas por eles. Fizemos questão de reconhecer seus esforços. Queríamos que soubessem haver alguém prestando atenção em seus triunfos. Muitos empregados, se não recebem feedback positivo, pensam: "De que adianta?" O reconhecimento pode vir simplesmente em forma de um comentário sobre a maneira atenciosa com que um cliente foi tratado.

Para você, a melhor recompensa é ver os funcionários motivados a aperfeiçoarem as habilidades e contribuírem para o sucesso da organização. Isso aumenta a sua vontade de realizar mais. É uma variação do ditado: "Trate os outros como quer ser tratado."

Se tudo está lhe parecendo fácil demais, saiba que haverá também desapontamentos. Algumas vezes, você vai ranger os dentes. No entanto, se acreditar nas pessoas, eventualmente, dependendo do risco e da recompensa, vai deixar que errem. Se a idéia do outro não for tão boa quanto a sua, mas fizer sentido, é melhor aceitar. A qualidade da execução é muito mais importante do que a idéia.

Para alcançar o sucesso em um ambiente cada vez mais complexo, como é o mundo dos negócios, os empreendedores precisam do talento de todos os que trabalham na organização. Acredite na capacidade dos funcionários e deixe que cresçam e melhorem o desempenho. Quando você ajuda o outro a se sair bem, o seu sucesso é muito maior do que seria, se insistisse em fazer tudo a seu modo. Naquelas inevitáveis ocasiões em que se decepcionar com alguém, respire fundo. Acredite: muitos outros vão deixar você feliz, ao superar as suas expectativas.

O reconhecimento é uma necessidade básica de todo ser humano. Ser reconhecido significa mais do que ser compreendido, que também é importante. Estou me referindo a ser valorizado pelo que o indivíduo é, pelas idéias que defende e pelas atitudes que adota para fazer as coisas melhorarem.

Os seus clientes e fornecedores querem saber que você valoriza o seu relacionamento com eles. Os clientes querem saber que você se importa com eles. Acima de tudo, os funcionários querem saber que você confia na importância de seu talento para o sucesso da organização. Para demonstrar reconhecimento, porém, você tem de acreditar nas pessoas. Essa crença é essencial para a sua saúde mental e para a saúde da sua empresa.

Quando você tem medo de ser roubado pelos fornecedores,

aproxima-se deles com suspeita. Quando pensa que os clientes querem levar vantagem, trata-os como intrusos. Quando você acha que os empregados pretendem enganá-lo, passa a vigiar todos os movimentos deles. Adote esse comportamento negativo por algum tempo e haverá grandes possibilidades de sofrer de paralisia ou de um caso galopante de paranóia, provocando um corte opressivo e doloroso no progresso da organização.

GARIMPANDO DIAMANTES

- Os indivíduos precisam ter seus acertos reconhecidos. Pense no modo como a sua empresa expressa reconhecimento. Essa é uma parte essencial da sua responsabilidade.
- Não enfatize demais as regras. Pense em desenvolver uma cultura que demonstre confiança na capacidade do indivíduo de agir acertadamente.
- Não se deixe abater pelas raras experiências que fizerem a sua crença nas pessoas resultar em desapontamento.
- A tristeza é muito contraproducente para o seu futuro sucesso. Faça como aquele homem divorciado que disse: "Eu não estou triste. Não vou pagar este preço."

REQUISITOS DA MATURIDADE EMOCIONAL

Capacidade de lidar construtivamente com a realidade. Capacidade de adaptação à mudança. Relativa imunidade contra sintomas produzidos por tensão e ansiedade. Capacidade de encontrar mais satisfação em dar do que em receber. Capacidade de se relacionar de maneira coerente, com satisfação e solidariedade mútuas. Capacidade de sublimar, de dirigir a energia hostil instintiva para canais criativos e construtivos. Capacidade de amar

William C. Menninger, MD (1899-1966),
co-fundador de The Menninger Foundation

13
NUNCA DESTRUA UMA PONTE

Jim (esse não é o nome verdadeiro), um locador em potencial, era um sujeito gorducho que, com o olhar perdido, mastigava barulhentamente suas pipocas e foi abordado por nós, que éramos donos de uma empresa desconhecida, para informá-lo das incríveis vantagens de contar com uma loja da Helzberg Diamonds em cada um de seus shopping centers. Não conseguimos interromper seu fascínio pela pipoca nem pelo panorama visto através da janela.

Ao deixarmos a sala onde sua empresa promovia e alugava lojas em seus centros comerciais, concordamos em continuar a seguir a máxima de papai: "Nunca destrua uma ponte, ainda que o outro não lhe dê a menor atenção." Na semana seguinte, ele seria nosso locador mais importante e passaríamos a trabalhar juntos.

Essa é uma das lições mais valiosas que meu pai nos ensinou. Nunca nos arrependemos de tratar os outros como eles queriam ser tratados — o que às vezes significava não devolver o tratamento que nos dispensavam! Tal política pode poupar você de muitos aborrecimentos e, provavelmente, do desperdício de tempo causado pela dúvida acerca de como reagir.

Assim como toda regra, esta tem uma exceção. Se o cliente maltratar um funcionário seu, pense em, sutil e delicadamente, dizer que prefere não atendê-lo mais.

GARIMPANDO DIAMANTES

- Trate as pessoas como querem ser tratadas.
- Não se prenda ao tratamento dispensado a você ou aos seus funcionários.
- Crie na sua mente a história de que o cliente vai ser muito importante para você no futuro.
- Exceção: se um cliente maltratar um funcionário seu, pense na possibilidade de "despedir" o cliente. Eu fiz isso uma vez em 39 anos.

Você sempre pode fazer da manhã um inferno.

Tom Murphy, ex-presidente da CapCities/ABC,
citado por Warren Buffett

Na vida real, o conselho mais prático para os líderes é: não trate plebeus como plebeus nem príncipes como príncipes, mas trate todas as pessoas como pessoas.

James MacGregor Burns, autor, historiador,
ganhador do Prêmio Pulitzer de 1970

14
PLANEJAMENTO PARA O DESASTRE

Em um 11 de janeiro implacavelmente frio de meados da década de 1960, nosso vice-presidente executivo J. B. Grossman, meu irmão Charles e eu fomos ao First National Bank da cidade de Kansas, para fazer nosso empréstimo rotineiro. Precisávamos cobrir os cheques emitidos na véspera para os fornecedores, referentes à enorme quantidade de mercadorias compradas para o período de Natal. Nosso relacionamento com o First National datava de cerca de 30 anos.

Como sempre, tínhamos recebido uma carta oferecendo uma linha de crédito de 500 mil dólares para qualquer momento em que fosse preciso. Mal reparamos no último parágrafo, em que ficava estabelecida a possibilidade de rescisão por parte do banco, caso houvesse alterações em nossa capacidade financeira para obter crédito.

Para nossa grande surpresa, o banco nos recusou o empréstimo! Um dos diretores duvidou de nossa capacidade financeira.

Superado o susto, partimos imediatamente para o Security National Bank, na cidade de Kansas, Estado de Kansas, onde a família Briedenthal tinha servido meu pai por muitos anos. Morris Briedenthal Jr. só fez uma pergunta: "Quanto vocês querem?" No que nos pareceu uma questão de segundos, tínhamos o dinheiro para honrar os cheques emitidos.

Provavelmente não merecíamos o empréstimo. Na verdade, ouvi Briedenthal. dizer à diretoria: "O pai deles aprendeu a fazer dinheiro. Eles também vão aprender."

Naquele dia, corremos o risco de arruinar nossa reputação e nosso crédito no setor. Chegamos à beira do precipício, mas fomos salvos pelo princípio da utilização de dois fornecedores. Você pode estar às portas da morte e encontrar a salvação em um relacionamento. Foi o que nos aconteceu.

O Security National Bank não perdeu um centavo ao fazer negócios com a Helzberg Diamonds, e sempre pudemos contar com a solidariedade dele. Agora, imagine a força da nossa lealdade em relação àquela instituição.

Continuamos a fazer negócios com os dois bancos? Com certeza. Nosso mantra é: nunca destrua uma ponte. E ainda queríamos contar com dois fornecedores.

Quando não existe urgência, é o momento de se preocupar em ter dois fornecedores para períodos de crise. Fábricas pegam fogo, fornecedores vão à falência, enchentes, terremotos e tornados acontecem... bem como fusões e aquisições que mudam radicalmente o panorama. Procurar uma segunda fonte na hora do desespero, quando o serviço ou produto de que você precisa está em falta, não dá certo. Todo bom fornecedor atende aos clientes antigos, antes de receber novos.

Garimpando diamantes

- Ter mais de um fornecedor para cada necessidade é uma garantia de opções e segurança.
- O relacionamento pessoal com fornecedores, quando apropriado, pode representar a solução para situações difíceis.
- Fornecedores diferentes apresentam diferentes pontos fortes e pontos fracos. Por que não deixar que se complementem, compensando as fraquezas uns dos outros?
- Procure outras fontes agora, quando não precisa delas.

A melhor preparação para amanhã é
fazer muito bem o trabalho de hoje.

Sir William Osler (1849-1919), famoso médico,
professor e historiador do século 19

Vai freqüentemente à casa do teu amigo,
pois o mato cresce no caminho que não é pisado.

Ralph Waldo Emerson (1803-1882),autor, poeta e filósofo

15
Reviravolta na Helzberg Diamonds

Anos atrás, Peter Drucker escreveu um fantástico artigo para The Wall Street Journal, *sobre remédios usados no mundo dos negócios para curar todos os males. Segundo ele, a redução de custos e a multiplicação dos esforços não resolvem necessariamente os seus problemas. Se não há mais mercado para determinado produto, não adianta fazer cortes na folha de pagamento nem contratar gerentes de nível médio; isso não vai gerar sucesso a longo prazo. Embora tais providências possam aumentar os lucros a curto prazo, não passam de paliativos para os males que afligem a empresa. Se você retardar a verdadeira cura, talvez esteja acelerando a morte da sua empresa. (Nós retardamos e quase "morremos".)*

Na Helzberg Diamonds, a década de 1960 foi um período difícil, de quedas no volume de vendas e nos lucros. Estávamos "viciados" em brindes — aparelhos de chá, por exemplo — para acompanhar as compras. Tudo começou com promoções eventuais e acabou em dispendiosos eventos mensais. Os clientes se acostumaram e esperavam a promoção. Era como se tentássemos fazer um cavalo morto trabalhar. Finalmente, decidimos de uma hora para outra acabar com os tais eventos. A situação melhorou, mas nenhum milagre aconteceu.

Então, em um momento de desespero, passamos a operar na seção de joalheria de lojas de descontos.

Na verdade, fizemos o que o sr. Drucker considerava falta grave: primeiro, tentamos ressuscitar as lojas mortas do centro da cidade; depois, no segundo ato, fizemos o movimento errado.

Afinal, em cima da hora, concluímos que nosso perfil se encaixava nos shoppings, e fechamos 38 de 39 pontos-de-venda, tanto em lojas isoladas como em lojas de departamentos, passando a operar quase exclusivamente em centros comerciais.

Claro que a vida nunca é tão simples. Os dois gigantes do setor, Zale Jewelers e Gordon Jewelers, entravam com uma ou duas lojas em quase todos os shoppings construídos. Eles tanto operavam em lojas altamente sofisticadas como em outras básicas. Com muito mais entendimento e visão do que nós, eles criaram uma forte lealdade com os incorporadores. Pagavam aluguéis tão compensadores que o projeto era feito de acordo com as necessidades deles. Eu podia somente respeitá-los e esperar um dia estar na mesma posição.

Certa vez, estando em Nova York para uma convenção do International Council of Shopping Centers, dividi um táxi com Paul Copaken, um incorporador da cidade de Kansas. Durante o trajeto entre o aeroporto e o hotel, perguntei-lhe como definiria um bom locatário. Claro que sua definição incluía o pagamento de um bom aluguel. Como os aluguéis de lojas em shoppings se baseiam em uma quantia mínima ou em uma porcentagem sobre as vendas, quanto maior o volume de vendas, mais aluguel para o locador. Se a nossa loja fizesse 1 milhão de dólares, e o concorrente, ocupando uma loja do mesmo tamanho, fizesse 500 mil dólares, o nosso aluguel seria de 50 mil dólares, e o do concorrente, 25 mil, ou seja: 5% sobre as vendas. Assim, ambos estaríamos pagando acima do aluguel mínimo, que era de 15 mil dólares, mas o nosso seria mais lucrativo para o proprietário. (Esses números datam de 1967.)

Adotamos como meta ser a joalheria com o maior faturamento por metro quadrado em todos os shoppings. Os locadores ficaram satisfeitos e, finalmente, conquistamos credibilidade como bons locatários.

GARIMPANDO DIAMANTES

- Decida aonde você quer ir e então elabore o mapa do percurso.
- Não permita que o pensamento a curto prazo atrapalhe o progresso a longo prazo.
- Planeje para o sucesso a longo prazo, não para lucros a curto prazo.
- Trate a doença, não os sintomas.

Decepções fazem parte do cardápio da vida,
e eu não sou mulher de recusar um prato.

Rosalind Russell (1907-1976), atriz de teatro e cinema

16

TESTANDO NOVAS IDÉIAS: DANDO AS CARTAS PARA O SUCESSO

Na década de 1970, Marty Ross, o executivo mais inovador que tivemos, queria abolir a antiga, mas cada vez mais incômoda, prática de financiar nossas contas a receber. Fazia anos que o setor negociava o próprio crédito, e os céticos não acreditavam que uma joalheria pudesse sobreviver sem estender o crédito interno ao cliente.

Pelo fato de ser oriundo do setor de eletrodomésticos e ter atuado como um dos primeiros líderes da rede que é hoje um importantíssimo varejista de eletroeletrônicos — Circuit City — Marty não foi influenciado pelos céticos. Ainda assim, a mudança seria grande, em termos de perda da receita de juros e taxas pagas por fornecedores externos de crédito. Então, ele escolheu um dos nossos melhores gerentes de loja para testar sua idéia de que as joalherias poderiam ganhar mais dinheiro concentrando-se em vender diamantes e deixando o crédito e a receita de juros para os bancos e outros financiadores, experts em tais assuntos.

É preciso que se saiba que o escolhido foi Cecil Williamson, gerente da nossa loja do Blue Ridge Mall, na cidade de Kansas. Cecil era capaz de fazer qualquer coisa funcionar. O diamante podia até estar de cabeça para baixo, que ele vendia. Mas o ponto era exatamente este. Marty queria que seu teste desse certo. Por isso, acertou os detalhes com Cecil, e a nova política funcionou muito bem. O sucesso repercutiu em toda a empresa. Esse tipo de teste e o convencimento se tornaram fundamentais para o nosso sucesso, sendo uma das razões que nos permitiram avançar rapidamente e conquistar um bom lugar no mercado.

Depois de testar a terceirização do crédito ao cliente, pudemos dizer ao pessoal das outras lojas da Helzberg: "Deu certo." A implantação do novo sistema, com foco total na compra e venda de diamantes, e não em operações bancárias, gerou dividendos incalculáveis. Hoje, empresas como a General Electric e outras oferecem private labels, cartões de crédito com aceitação limitada às lojas da rede e muito solicitados por conceituados e bem-sucedidos varejistas.

Houve tempo em que pensei ter achado a melhor maneira de avaliar um novo produto ou conceito: testar em uma loja de desempenho mediano. Segundo minha idéia simplista e equivocada, se a novidade dava certo em uma loja média, daria certo em todas as outras.

Então, aprendi um método melhor, que fez bastante diferença para nossa empresa, embora talvez não fosse exatamente o ensinado pelas escolas de negócios. Descobri que grandes empreendedores constroem o sucesso pela maneira como testam novos produtos ou idéias: escolhem os melhores funcionários para enfrentar o desafio. Fazer tudo o que for possível para garantir o sucesso é um modo diferente de testar. Na verdade, é estabelecido um padrão de realização que todos podem perceber e imitar. Vamos chegar à Lua? Não se enviarmos astronautas mais ou menos. De maneira alguma. Com os melhores astronautas, fica provado que é possível ir à Lua.

Muitos administradores aprenderam que, ao testar produtos ou idéias, devem criar uma situação em que sejam eliminados todos os fatores que possam influenciar os resultados. Aprenderam que precisam de um grupo de teste e outro de controle, para comparação, e que devem controlar ao máximo as variáveis, para que o resultado seja confiável. Essas diretrizes são ótimas para quem procura resultados cientificamente válidos e tem tempo para esperar por eles. Na prática, porém, você às vezes precisa tomar atalhos inteligentes para levar uma boa idéia ao mercado. Talvez não dê certo para a sua empresa, mas para nós foi um meio de testar rapidamente produtos e idéias, além de, ao mesmo tempo, receber excelente feedback. Quando a nova idéia era implementada pelo que tínhamos de melhor em matéria de pessoal, aprendíamos mais do que se fizéssemos do modo da escola. Transforme os seus melhores funcionários em pioneiros, para provar se a idéia é possível ou não. Então, faça com eles uma avaliação e aperfeiçoe as melhores técnicas. Nosso método de teste nos trouxe vários benefícios:

- Tínhamos a prova de que a idéia podia dar certo (ou não, se fosse o caso), pelo menos sob as melhores condições.
- Podíamos avaliar o potencial do novo conceito para o futuro: se o melhor gerente conseguisse apenas ganhos modestos, era sinal de que as possibilidades eram muito limitadas.
- Recebíamos feedback sobre o que funcionava, o que não funcionava e o que precisava ser mudado. Os melhores gerentes ajudavam a aperfeiçoar o processo, de modo que pudesse ser padronizado, documentado e utilizado em treinamentos.
- Nosso pessoal mais talentoso encontrava o melhor meio de aplicar o conceito na prática e, assim, tínhamos uma visão do custo real.
- Quando o teste dava certo, conquistávamos a adesão do pessoal da loja, que divulgava a idéia para as outras.
- Os melhores gerentes alcançavam resultados que outros se esforçavam para igualar. Ficávamos com um ponto de referência para estabelecer altos padrões que sabíamos possíveis.

Garimpando diamantes

- ♦ Garanta o sucesso! Ofereça bons exemplos para os outros copiarem.
- ♦ Planeje meticulosamente o teste inicial.
- ♦ Estabeleça o padrão para o sucesso.
- ♦ Espalhe o novo conceito lenta e cuidadosamente, caso tenha dado certo. Você ainda vai ter de ajustar peças ao longo do caminho. Cuide da regulagem.

Para as pessoas realmente motivadas, o sucesso é uma necessidade — e não uma opção.

Julius Erving (Dr. J), jogador de basquete profissional

Somente um tolo usa os dois pés para testar a profundidade da água.

Provérbio africano

17
COMO EVITAR REAÇÕES DESMEDIDAS

Minha esposa, Shirley, e eu chegamos à área de recolhimento de bagagens com nossos amigos Fred e Lillis Beihl e ficamos esperando que as nossas surgissem na esteira. Quando a mala pequena de Lillis não apareceu, ela ficou aborrecidíssima. A única que faltava era justamente a mala que tinha o conteúdo mais valioso: jóias. Fred sustentava que tinha sido roubada, porque "pegaram logo aquela."

Ao ver minha amiga cada vez mais nervosa, cheguei perto dela e disse: "Lillis, não é câncer." Passados 20 minutos, duas coisas aconteceram. Primeiro, a mala apareceu. Segundo, Lillis me agradeceu: "Obrigada. Você realmente me ajudou."

Essas situações precisam ser tomadas em perspectiva. Perder as chaves, os óculos ou a carteira não é motivo para se descontrolar, apesar de isso freqüentemente acontecer comigo, o que me deixa bastante irritado.

Assim, problemas de negócios devem ser bem recebidos, porque é para isso que você está aí. Resolver, essa é a sua tarefa! Existe uma grande diferença entre doença fatal e problemas de negócios. Lembre-se disso.

Garimpando diamantes

- "Não é câncer!"
- Mantenha as coisas em perspectiva.
- Aproveite os desafios. Eles são presentes que você recebe.

Uma volta na estrada não é o fim... a menos que você não consiga fazer a curva.

Anônimo

18

INTEGRIDADE: UM MEIO DE GERAR LUCROS A LONGO PRAZO

Uma candidata a MBA comentou em minha classe que deixou de gostar da empresa onde trabalhava ao receber um dia de folga especial. Por que ela estaria tão zangada, se a empresa tinha oferecido uma coisa boa aos funcionários? Quando perguntou que explicação deveria dar aos clientes pela falta de atendimento em uma segunda-feira, disseram-lhe simplesmente que alegasse uma pane nos telefones. Na aula seguinte, agradeci a ela por seu relato. A princípio, poderia parecer que o dia de folga era uma coisa positiva, mas, na verdade, tratava-se de uma mensagem negativa acerca da integridade da empresa. Ela sabia que, se mentiam para os clientes, com certeza seriam capazes de mentir para ela. Em poucos dias, pediu demissão.

Isso me lembra de um ditado que meus pais sempre citavam: "Se roubam para você, podem roubar de você!" A candidata ao MBA sabia que, se a empresa queria que ela mentisse para os clientes, também mentiria para ela. Da mesma forma, se você admite que enganem os seus clientes, pode esperar ser enganado! Não há como fazer concessões. Estou convencido de que uma das melhores coisas que você pode fazer pela sua equipe, pela sua empresa e por você é operar com absoluta integridade.

GARIMPANDO DIAMANTES

Se operar com integridade:

- Você estará contribuindo para o sucesso a longo prazo.
- Você pode se olhar no espelho.
- Os empregados vão amar a empresa por sua atitude.
- Os empregados vão se sentir confortáveis para espalhar a notícia de que é muito bom trabalhar na sua empresa, o que atrairá para ela o tipo adequado de gente.

Quem furta minha bolsa leva pouco... mas aquele que mancha minha reputação rouba algo que não o enriquece e no entanto me faz verdadeiramente pobre.

William Shakespeare (1564-1616), autor, dramaturgo, poeta

19
Relaxe

Naquela loja, as vendas iam mal. Os diretores faziam visitas freqüentes. A equipe era boa, o espaço bem decorado e bem localizado. Os funcionários se esforçavam ao máximo para vender.

Finalmente, um dos nossos diretores mais criativos visitou a loja e identificou o problema. A equipe se esforçava demais, transmitindo a tensão em que vivia e fazendo os clientes se sentirem pressionados. Ele aconselhou aos funcionários que relaxassem, aproveitassem a companhia dos clientes e os fizessem se sentir em casa. Disse que, em vez de transmitirem tensão, transmitissem uma atmosfera de prazer. A tensão é como um vírus, e você pode em poucos momentos contaminar o cliente, caso demonstre impaciência, irritação, insistência exagerada ou mesmo rispidez.

Pense na situação do potencial cliente. Ele já está em dúvida sobre a compra. Talvez esteja meio nervoso. Quem entra em uma joalheria pela primeira vez costuma se sentir intimidado, por não entender de jóias e pedras. Não é preciso muito para que se assuste e vá embora.

Quem quer se estressar por causa de um vendedor desagradável, insistente ou invasivo, em especial quando pretende comprar uma jóia com diamante, um presente que se supõe seja sinal de amor e felicidade? Não demorei a aprender que o lado mais importante dos negócios é o lado humano. Assim, quando uma das nossas lojas não alcançava a meta de vendas, era comum aconselharmos os funcionários a não se esforçarem tanto e buscarem encontrar prazer na companhia dos clientes.

Leia este exemplo.

Um homem entrou na nossa loja de Omaha, Estado de Nebraska, e pediu um anel para dar de presente de aniversário para a esposa. Mas queria manter a compra em segredo e pediu ajuda ao gerente. Toda a equipe ficou feliz em participar.

No dia do aniversário, o homem levou a mulher a um restaurante e, terminada a refeição, disse, com um sorriso brincalhão:

— Vamos à Helzberg, dar uma olhada.

Surpresa, ela respondeu:

— Helzberg? Quer dizer que deixou para comprar um presente de última hora?

Ao entrar na loja, o casal foi recebido por um vendedor, que sugeriu à moça experimentar um novo modelo de anel que tinha acabado de chegar. Ela ficou atônita, ao perceber que a jóia se ajustava perfeitamente ao seu dedo. Somente então percebeu que o marido tinha planejado tudo, inclusive com o cuidado de providenciar um anel do tamanho exato.

A alegria foi geral. E é assim que deve ser. Inclua os clientes em situações prazerosas, adotando uma cultura mais descontraída, relaxada. Se você acha a idéia parecida com a abordagem de Herb Kelleher para a Southwest Airlines, ótimo!

Quando assumo o papel de cliente, não gosto de ser tratado como se fosse uma carteira de dinheiro ambulante. A alegria é contagiosa. A alegria energiza os funcionários e atrai os clientes. E que surpresa agradável para a equipe de vendas, ao ouvir o chefe dizer: "Divirtam-se!" Eis aí uma ordem que qualquer um cumpriria com prazer. Como definir um lugar agradável para fazer compras? Vendedores sorridentes, empenhados em ajudar o cliente, responder suas perguntas, aconselhar e elogiar suas escolhas. E que não se restringem a falar da compra; ouvem o cliente contar sobre o peixe enorme que pescou, sobre as últimas férias ou sobre outro assunto qualquer. Eles transformam os clientes em amigos.

São muitas as maneiras de aproveitar a companhia do cliente. Uma das melhores idéias que tivemos foi incentivar as pessoas que chegavam à porta da loja a entrar, ainda que estivessem comendo. Sorvetes de casquinha? Cachorro-quente com mostarda? Sem problema. O mais comum são cartazes que avisam: "Não entre com comida nem bebida." Os nossos, ao contrário, diziam: "Traga o seu lanche." O que queríamos dizer era: "Estamos ao seu dispor. Nós somos diferentes." Em algumas lojas, os casais que iam comprar suas alianças eram fotografados, para fazer parte de um álbum. Afinal, não estavam comprando torradeiras, mas uma lembrança muito querida.

O prazer da convivência entre vendedor e comprador exige criatividade? Bem... ajuda, mas não é necessário. Na maior parte das situações, basta ser amigável. Elogie a roupa do cliente. Faça pequenos favores. Depois de uma venda, sempre nos oferecíamos para limpar gratuitamente as jóias que o cliente estava usando. Trocávamos baterias de relógios sem cobrar. Faça os seus clientes se sentirem à vontade, em casa. Pode parecer piegas, mas uma das vezes em que me senti mais elogiado foi quando um proprietário me apresentou como "presidente da maior cadeia nacional de joalherias para a família".

Garimpando diamantes

- Se tudo está certo, mas as vendas não deslancham, pode ser que a sua equipe esteja se esforçando demais.
- Promova a alegria! A alegria é contagiosa e pode aumentar a produtividade. Além disso, cria experiências agradáveis para você e para os clientes.
- Às vezes, a cultura e a atmosfera da empresa acabam sendo mais importantes do que o produto.
- Procure conhecer a abordagem adotada pela Southwest Airlines.

As pessoas são a empresa.

B. C. Helzberg

20
DE QUE SERVEM OS LUCROS?

Ao fim das palestras que faço, quando chega a hora das perguntas, às vezes ouço: "O que de melhor o empresário pode fazer por sua comunidade?" Na verdade, acredito que a prioridade máxima é tornar a empresa altamente bem-sucedida. Isso inclui a lucratividade. Por quê?

- *Primeiro, para garantir a continuidade da empresa e dos empregos dos funcionários.*
- *Segundo, para assegurar que a empresa se sustente, tanto nas épocas ruins quanto nas boas. É importante obter bons lucros quando tudo vai bem, porque você sabe que sempre haverá tempos difíceis, quando os lucros diminuem ou cessam. Se você construir uma base forte, a sua empresa terá mais possibilidades de sobreviver.*
- *Terceiro, se a empresa é lucrativa e você é competente, com certeza vai fazer questão de partilhar com os funcionários as coisas boas que o lucro traz, inclusive mais benefícios e melhores salários.*
- *Quarto, porque o lucro possibilita a alegria de oferecer à sua comunidade tempo e recursos financeiros.*

Embora o dinheiro não seja o único elemento motivador (sendo às vezes superestimado), é um ótimo meio de avaliação. Para o empresário, é sensacional poder partilhar com os empregados o sucesso da empresa.

Sempre considerei a doação como um ato de egoísmo, e não de generosidade, porque me dá muito prazer! Um dos melhores mentores que tive me ensinou que compartilhar é uma grande alegria, ainda mais que só se pode usar uma roupa de cada vez e comer três refeições por dia, sob pena de consumir calorias em excesso!

Na Helzberg Diamonds, tínhamos a tradição de aumentar os ganhos individuais em 17%, assim distribuídos: 10% de participação nos lucros, 5% pelo que chamávamos de "participação no progresso" e 2% imediatamente aplicados no individual *retirement account*, um plano de aposentadoria. Muito dinheiro foi destinado a outras recompensas, como prêmios e comemorações.

Crie um sistema, mas tenha cuidado. Lembre que a mudança pode ser vista como uma redução, e reduções não são nada divertidas. Vá devagar, portanto. Experimente sistemas temporários e não se coloque em posição difícil. Lembre que um privilégio se transforma rapidamente em direito.

Garimpando diamantes

- O lucro é importante.
- Compartilhar os lucros é importante.
- Compartilhe com o espírito adequado.

Pois esta é a jornada do homem: encontrar a si mesmo.
Se não conseguir, todas as suas outras descobertas perdem a importância.
James A. Michener (1907-1997), romancista, ganhador do Prêmio Pulitzer de 1948, escritor de relatos de viagem

É rico aquele que tem o suficiente para ser caridoso.
Sir Thomas Browne (1605-1682), médico, filósofo e autor

Ofereça amendoins e atrairá macacos.
Anônimo

Lucro é essencial. Não pode haver segurança para o empregado se a empresa não faz dinheiro. Sem lucro, a empresa não cresce. O indivíduo só terá oportunidade de realizar suas ambições pessoais se a empresa para a qual trabalha ganhar dinheiro.

Duncan C. Menzies

O capital representa para o progresso da sociedade o que a gasolina representa para o carro.

James Truslow Adams (1878-1949), autor, historiador, ganhador do Prêmio Pulitzer de 1921

21
Senso de urgência

Na quinta-feira, o diretor e o conselho da escola pública fundada por mim, por minha esposa, por Thomas Bloch, ex-CEO e presidente da H&R Block, e por Lynne Brown, uma ativista comunitária e educadora, encontraram-se com nosso consultor. Duas das idéias surgidas então foram: (1) um espelho na porta da frente, para que os alunos comparassem a própria aparência com o código de vestimenta apontado pelo diretor; e (2) um cartaz avisando que todo estudante com 98% de freqüência às aulas receberia um prêmio de 50 dólares em dinheiro. Como as idéias foram aprovadas por unanimidade, no dia seguinte, sexta-feira, estavam em prática quando as portas da escola se abriram. Os alunos ficaram surpresos ao se verem no espelho e adoraram saber que ganhariam dinheiro só por comparecerem às aulas.

Quando meu filho e minha futura nora anunciaram o noivado, o primeiro presente chegou em poucos dias. Minha mulher então me lembrou que nosso primeiro presente, 35 anos antes, tinha sido o da tia Myrtle. Fiquei encantado. Nem sempre você sabe quais são os fatos que vão permanecer na sua memória, mas geralmente aqueles que se destacam são os que acontecem primeiro.

Ao agir prontamente, você dá o exemplo aos empregados. Você tem todo o direito de esperar que eles executem suas tarefas com presteza, se fizer isso quando for apropriado.

Já lhe aconteceu de enviar um presente a alguém e logo receber uma mensagem de agradecimento? Agora, pense nos presentes que mandou e passou vários dias à espera de uma manifestação, em dúvida se a encomenda teria chegado ao destino. Notas de agradecimento levam mais ou menos o mesmo tempo para serem escritas. O que leva a resultados diferentes é o senso de urgência. Por isso, insisto, você deve agradecer no mesmo dia em que receber algum tipo de ajuda. Gestos de delicadeza esfriam logo. Seu prazo de validade é extremamente curto.

GARIMPANDO DIAMANTES

- Imprima um senso de urgência às altas prioridades.
- Quanto mais você demora para se comunicar, menos parece usar de sinceridade.
- Quanto mais você esperar para agir em casos de alta prioridade, menos favoráveis serão os resultados.
- Se não conseguir responder ou alcançar o resultado no tempo prometido, fale com a pessoa envolvida, explicando as razões do atraso, para ela não pensar que você esqueceu o compromisso assumido.

Seja qual for a sua tarefa ou o seu sonho, comece. Faça agora.
A ação tem força, inspiração e magia.

Johann Wolfgang von Goethe (1749-1832),
poeta, advogado, dramaturgo

Confie apenas no movimento.

Alfred Adler (1870-1937), psicólogo e autor

22

O SEGREDO É A EXECUÇÃO, E NÃO A IDÉIA

Muitos anos atrás, participei de um ótimo seminário para varejistas. Um dos palestrantes foi Bernard Edison, presidente da Edison Brothers Shoes, então uma empresa altamente bem-sucedida, que disse: "Nossa estratégia é boa, e nossa execução é excelente."

"De quem foi a idéia?" Quantas vezes você já ouviu essa pergunta? Eu sempre tive muitas idéias, algumas absolutamente românticas e impraticáveis, mas que me pareciam maravilhosas.

Minha conclusão é que a execução é muito mais importante do que a idéia. Os indivíduos que mais admiro são aqueles que sabem executar. A qualidade da execução é muito mais importante do que a qualidade da idéia. Aprendi bem cedo a deixar que as pessoas façam as coisas a seu modo, ainda que ache a minha idéia melhor. Esse conselho leva à execução. As pessoas acreditam nas próprias idéias e geralmente dão a elas um tratamento muito mais cuidadoso do que dariam às idéias alheias!

Os resultados da boa execução de uma idéia mediana excedem largamente os resultados de uma ótima idéia mal executada. Quando a pessoa que executa acredita na idéia, as probabilidades de sucesso são muito mais amplas do que nos casos em que não está convencida, entusiasmada ou comprometida.

GARIMPANDO DIAMANTES

- Integre grandes executores à sua equipe.
- Permita ao máximo que eles ajam a seu modo.
- Saia do caminho e deixe que trabalhem!

A qualidade nunca é um acidente; é sempre o resultado de propósito determinado, esforço sincero, orientação inteligente e execução habilidosa; representa a escolha sensata entre muitas alternativas.

Anônimo

Um indivíduo com uma crença tem a mesma força de 99 que tenham apenas interesses.

John Stuart Mill (1806-1873), filósofo e economista

23
Aprendendo e crescendo com os erros

Eis o que disse um dos meus mais estimados mentores: "Você não precisa de shopping centers. Precisa de distritos comerciais." Tomei aquelas palavras como verdade absoluta, sem ao menos pensar no assunto. Os Estados Unidos estavam para entrar na era dos shopping centers. Nossa decisão mal trabalhada teve tristes resultados. Resolvemos não alugar uma loja em um dos 11 primeiros malls *cobertos — um erro quase fatal que paralisou nosso progresso e nos fez perder anos e recursos preciosos na seção de jóias em lojas de departamentos. Anos mais tarde, com a ajuda de um consultor, chegamos à conclusão de que evitar os shoppings não era a postura correta. Assim, começamos devagar e fomos aumentando nossa atuação.*

O que aprendemos, ao seguir o conselho de não entrar em shopping centers foi: aquele que segue um mau conselho é o único culpado. Conselho é conselho, não é ordem. Mais tarde, as lojas de shoppings foram o sucesso da empresa. Ao fugir deles, quase assinamos nossa retirada dos negócios.

Outra excelente experiência de aprendizagem (leia-se desastre), para mim em especial, foi a incursão da Helzberg Diamonds nos pedidos por reembolso postal. Caí de amores pelo conceito de que, com a utilização do teste e da estatística, as vendas pelo reembolso postal poderiam se basear inteiramente na previsão numérica do volume de negócios. Naquele tempo, eu acreditava estar operando em um nível altamente sofisticado, ao analisar a data, a freqüência de compras e a quantia gasta pelos clientes. (Que contraste fascinante com os atuais conceitos, muito mais sofisticados, de marketing de base de dados!) Quanto mais recente a visita, mais freqüentes as compras; quanto mais elevada a quantia gasta, maior o valor do cliente. Esses eram critérios válidos, embora pré-históricos, para os padrões de hoje.

Prossegui nos meus cálculos. Queria descobrir quanto tempo levaria para elevar a quantia representada pelos negócios, de cerca de 2 milhões de dólares, para 100 milhões. Carregava na carteira um pedaço de papel onde fazia anotações. (Achei que fosse coisa de três semanas ou pouco mais.) Nem me passava pela cabeça que não se deve fazer um empreendimento crescer mais do que é possível administrar. Só pensava no gigantesco aumento das vendas.

Na minha pressa, esqueci completamente a máxima de papai: "Apresse-se devagar." Assim, explodi a idéia, em todos os sentidos. O nível de teste era desproporcional ao volume de negócios. Eu poderia facilmente me limitar a uma porção bem menos significativa.

Com a experiência de compras pelo reembolso postal, aprendi que não se eleva o volume de negócios de 2 milhões de dólares para 100 milhões em apenas três semanas. Os usuários de empresas pontocom aprenderam lição semelhante, mais recentemente. Os seus erros valem dinheiro. Toda aprendizagem custa caro. Se estiver prestes a dar um passo ousado, calcule o custo potencial dos erros de gerenciamento e veja se a taxa risco-recompensa é confortável e válida. Não se esqueça de considerar a pior das hipóteses.

Os empreendedores, em sua maioria, são capazes de discorrer longamente sobre os próprios erros. A razão dessa olhada pelo retrovisor é a tentativa de identificar as lições aprendidas, bem como de evitar a repetição dos enganos cometidos. Autoflagelação é perda de tempo e de poder intelectual. O medo irracional, que congela e impede a inovação, é ainda pior.

Claro que esses não foram os meus únicos erros. Para listar todos eles, seria necessário outro livro, muito maior do que este. A maneira de aproveitar os erros é considerá-los como experiências de aprendizagem, e não como situações improdutivas. Foi o que fez Thomas Alva Edison. Apenas procure manter a sua *batting average* acima de 500.

GARIMPANDO DIAMANTES

- Quando cometer um erro, pergunte-se: "O que aprendi?"
- Pergunte-se também: "Como evitar que aconteça novamente?"
- "Apresse-se devagar."
- A falta de foco rouba recursos e lucros do negócio principal. Os ganhos em potencial compensam o risco?
- Não deixe de considerar a pior das hipóteses e de analisar a sua capacidade de administrar financeira e emocionalmente a situação.

O único lugar onde os tolos podem aprender é a escola da experiência.
Benjamin Franklin (1706-1790), estadista, escritor e cientista.

24
A PARALISIA DA ANÁLISE *VERSUS* DECISÕES IMPENSADAS

Em certa ocasião, contávamos com os serviços de um comprador altamente capacitado, que precisava completar o estoque de determinado anel, um modelo muito popular. Ele começou uma busca obstinada pelo menor preço. Se descobrisse em algum lugar o que poderia ser um bom negócio, ia verificar.

Enquanto isso, nosso estoque de anéis se esgotava. Começávamos a perder vendas. Clientes insatisfeitos procuravam outras lojas para comprar. A fixação do comprador na busca pelo menor preço do mundo, além de sem sentido, era francamente prejudicial.

Ele nunca se satisfazia com o valor da mercadoria, e nós ficávamos cada vez mais frustrados com sua inércia. Chegamos a um ponto em que achamos melhor pagar pelos anéis o preço pedido, ainda que isso significasse lucro menor, para reabastecer as prateleiras. Melhor perder margem de lucro do que clientes.

O comprador tinha esquecido que nossa meta era vender. O excesso de análise dos preços o aproximou dessa meta? Não. Na verdade, teve o efeito contrário.

Imagine uma pessoa tão fixada em ar puro que não respira o ar disponível na esperança de encontrar outro melhor. Claro que ela não vai viver muito tempo.

A análise é ferramenta essencial dos empreendedores, mas gastar tempo demais na análise do problema pode fazer você atolar em uma poça de detalhes sem importância. O indivíduo que fica muito tempo parado pode acabar irremediavelmente paralisado. Como saber se está analisando demais? Você vai perceber. Nada acontece. Você não avança.

Não defendo que você "chute de primeira". Na verdade, sacadas rápidas e decisões impulsivas podem ser igualmente equivocadas, resultando em fracassos e aborrecimentos. A impaciência pode levar a decisões apressadas, antes que todos os fatos sejam conhecidos. Tome distância, para considerar o contexto em que está inserido o problema. Então, escolha a melhor solução para o momento e execute os passos que levarão a ela. Este pode não parecer um conselho profundo. E não é.

Trata-se apenas de bom senso, que muita gente esquece. As pessoas perdem de vista o panorama geral e os aspectos importantes, obcecadas que estão por detalhes insignificantes, como na conhecida história dos membros da tripulação do Titanic, que se preocupavam em arrumar as cadeiras do convés enquanto o navio afundava. Algumas não agem por medo de errar. Outras não conseguem enxergar o panorama geral; assim, concentram-se inflexivelmente no que sabem, ainda que sejam apenas detalhes sem importância.

O melhor conselho que recebi, no sentido de resistir à paralisia da análise e às decisões impensadas, é estabelecer um limite de tempo para a tomada de decisões. Um período de 48 horas é razoável. Pegue o seu bloco de anotações. No alto, escreva a questão a ser decidida. Então, para cada potencial solução, anote os prós e os contras. Esta é uma ferramenta poderosa para a tomada de decisões, pois força o cérebro a percorrer um processo de raciocínio, para chegar a um resultado lógico. Assim, os passos percorridos ficam documentados e podem ser revistos, quer a solução encontrada tenha dado certo ou não.

GARIMPANDO DIAMANTES

- A fixação em detalhes sem importância pode levar à paralisia causada pela análise.
- Decisões impensadas podem levar ao desastre.
- Estabeleça um limite razoável de tempo para tomar uma decisão.
- Liste os prós e contras de cada potencial decisão.
- Converse com pessoas a quem você respeita. Fale das suas idéias e observe a reação delas.
- Tome uma decisão. (Lembre que não fazer nada também é uma decisão.)

A sensação de ter realizado um bom trabalho é gratificante;
a sensação de ter realizado um trabalho perfeito é fatal.

Donley Feddersen (1915-1979),
administrador de estação de rádio

Eles perdem o que adquirem com excesso de cuidado.

William Shakespeare (1564-1616), autor, dramaturgo,
poeta, "Graciano, em O Mercador de Veneza"

O artista que busca a perfeição em tudo nada alcança.

Eugene Delacroix (1798-1863), pintor

25

APROVEITANDO MERCADOS EM CRESCIMENTO

Depois de assinar o contrato de locação de uma loja em Duluth, Minnesota, perdi noites de sono ao saber que o mercado tinha encolhido 3,3% durante os dez anos anteriores. E se o mercado continuasse a encolher? As principais empresas do setor tinham se recusado a alugar lojas naquele local. Como podia uma empresa modesta saber mais que as outras? Ao analisar o mercado, descobrimos uma joalheria, no centro da cidade, que fazia bons negócios. Então, o sucesso era possível. Assim, abrimos uma loja no único grande shopping de Duluth e nos demos muito bem. Quando um incorporador tentou criar outro nas redondezas, não pôde levar o negócio adiante, por falta de vitalidade e crescimento do mercado. A Sears acabou por inaugurar uma loja no centro comercial já existente. Esse shopping só se manteve por causa da falta de concorrência.

A reação instintiva costuma ser a de entrar nos mercados em crescimento, seja de produtos ou de localização. Ao analisar a situação como um todo, concluímos que a existência de apenas um centro comercial na cidade seria um tremendo chamariz e estaríamos em uma localização-chave. O perigo da proliferação de shoppings parecia remoto.

*Em Houston, Texas, quando a economia andava muito bem, e os negócios ligados ao petróleo (*all bidness*) estavam aquecidos, parecia haver um centro comercial em cada quarteirão. A cidade foi cortada em pedaços, ou seja, entulhada de pontos-de-venda. Quando o boom do petróleo cessou, todos sofreram, inclusive a Helzberg*

Diamonds. Seguindo a multidão, tínhamos investido naquele mercado e pagamos por isso.

Às vezes, mercados em desenvolvimento, onde muitos resolvem entrar, ficam sobrecarregados e criam competição em excesso. Talvez áreas menos excitantes, sejam geográficas ou de produtos, ofereçam melhores oportunidades! Lembra-se de Sam Walton, fundador da Wal Mart e do Sam's Club, duas das maiores redes de varejo do mundo? Seu foco inicial foram as cidades pequenas dos Estados Unidos — e não os emocionantes mercados em crescimento.

GARIMPANDO DIAMANTES

- Não presuma que o saber convencional é conveniente para você.
- Áreas geográficas ou de produtos "menos excitantes" podem representar grandes oportunidades!

A sabedoria não vem da experiência, mas da meditação e da assimilação que se seguem à experiência.

Joy Elmer Morgan, editora e co-fundadora do National Committee on Education by Radio

26
Buscando sabedoria e conhecimento a respeito dos negócios

Danny O'Neill deixou um emprego no mundo corporativo porque não estava feliz. Queria ser o próprio patrão. Inspirado por um ano de estudo de ensino médio feito na Costa Rica, quando trabalhou na colheita, Danny sonhava em torrar e vender café. No entanto, conforme confessou, só sabia uma coisa a respeito: que gostava de tomar café.

Nada tímido, alto e magro como um jogador de basquete e dono de um largo e simpático sorriso, Danny absorveu tudo o que havia para saber sobre grãos e preparo de café. Percorreu os Estados Unidos fazendo perguntas a experts do setor. Voltou várias vezes à Costa Rica, para conhecer o trabalho de plantadores e corretores e descobrir como produzir os melhores grãos. Ele se apaixonou pelo café.

Convencido de que o melhor café era aquele torrado a ar quente, comprou um torrador e o instalou no porão de casa. Reuniu-se com empresários da cidade de Kansas, para aprender com eles sobre marketing, vendas e contratação de funcionários. Visitou pessoalmente lojas e restaurantes finos, para estabelecer relacionamentos.

Danny foi incansável na sua busca pelo conhecimento. Não se importava com o fato de já existirem alguns gigantes na produção de café — a Folger's, importante marca de café dos Estados Unidos, possuía uma grande fábrica na cidade. Ele não venderia um novo produto, mas um produto que considerava melhor. Muita gente concordou. Hoje, sua empresa, The Roasterie, tem fábrica própria na cidade de Kansas. Seu café é oferecido em lojas e restaurantes finos espalhados por todo o território dos Estados Unidos, e ele já começou a expandir os negócios para mercados no exterior.

A coragem de perguntar é uma qualidade. Não tenha medo de pedir ajuda aos mais experientes. Eles vão se sentir lisonjeados. Muitos estão ansiosos por compartilhar o que aprenderam, em especial com jovens empreendedores como Danny O'Neill. Além do mais, você pode acabar estabelecendo ótimos relacionamentos. Quer fazer amigos? Pergunte às pessoas sobre seus negócios e as deixe falar.

Vemos isso diariamente no Helzberg Entrepreneurial Mentoring Program, em que veteranos do mundo dos negócios sentem prazer em ajudar novos empreendedores. Se houve afinidade entre você e alguém a quem consultou por telefone, atravesse o país, atravesse o mundo, se for preciso, e vá conversar olho no olho. Isso talvez mude a sua vida e o seu nível de sucesso. Quanto maior o número de pessoas com quem você conversar, mais rico o caldo de idéias onde poderá mergulhar o cérebro.

Em que época iluminada vivemos! Hoje, basta pegar o telefone ou clicar o mouse, e temos acesso a uma espantosa quantidade de informações. E não se trata apenas de quantidade; as informações são melhores e, freqüentemente, mais confiáveis. O ser humano levou centenas de anos acumulando incríveis conhecimentos, que são constantemente aperfeiçoados por meio de experiências e pesquisas. Mesmo as invenções se baseiam em idéias criativas que alguém teve antes.

Esse reservatório de experiência e conhecimento cria grandes oportunidades e vantagens. Você herdou as descobertas feitas por muitos empreendedores que "queimaram as pestanas" buscando algo novo. Provavelmente, outros enfrentaram os mesmos desafios que você e encontraram meios de superá-los.

Ainda assim, muitos empreendedores pensam que têm de ser pioneiros. Defino pioneiros como pessoas com flechas enterradas nas costas. Você não precisa ser inédito para abrir uma empresa. Estude o que já existe e faça muito melhor. Henry Ford não inventou o automóvel, nem a Kinko's, a fotocópia.

Você tem na ponta dos dedos a experiência de milhares de especialistas e mentores, quer entre em contato com eles pela internet ou em sua comunidade de negócios. Na maior parte dos casos, para obter respostas, tudo o que tem a fazer é perguntar. Que mal há em pedir ajuda aos mais experientes?

Tudo bem, alguns podem não querer conversa. Qual o problema? Você desperdiçou um telefonema. Que fabulosa taxa de risco-recompensa! Muitos outros terão prazer em compartilhar o que aprenderam.

Alguns pensam que devemos seguir conselhos religiosamente. Não concordo com isso, é óbvio. Por mais que o outro tenha conhecimento, ele não sabe o que é melhor para você. Por que não ouvir várias opiniões, analisar e seguir o próprio instinto?

Você deve ter confiança no processo. Deve acreditar que, em algum momento, vai encontrar a resposta certa. Pode não acontecer da noite para o dia, mas também pode ser que aconteça. Portanto, relaxe e dê um passo de cada vez.

A incrível, maravilhosa e incontestável verdade é que o fato de buscar ajuda pode deixar você anos-luz à frente de outros que batem a cabeça na parede, tentando reinventar a roda. Além do mais, os relacionamentos que você vai estabelecer são de valor inestimável. Eu procuro estar perto daqueles que me ajudaram. Não esqueça que, um dia, alguém vai solicitar a sua ajuda. Encare como um elogio e transmita o que sabe.

GARIMPANDO DIAMANTES

- Não pense que tem de reinventar a roda. Você não precisa inaugurar um setor.
- Deixe que o seu cérebro processe todas as idéias que lhe chegarem. Então, faça o que for certo para você.
- Aprenda com a experiência do outro.

Tudo o que temos é emprestado. Em tudo o que se relaciona a invenção, uso, beleza ou forma, tomamos emprestado.

Wendell Phillips (1811-1884), conferencista, The Lost Arts 1838

27
Reunindo informações

Era tempo de mais uma convenção de joalheiros, e tínhamos nossa tradicional reunião com os membros do "The Twenty-Three Jewel Club", que consistia de duas outras joalherias que não eram nossas concorrentes: Meyer Jewelers, de Detroit, e Rudolph Jewelers, do Estado de Nova York. Os donos, amigos de papai de longa data, tinham criado boas empresas. Trocávamos idéias em muitas áreas de negócios e reforçávamos o relacionamento. Dessas reuniões, sempre produtivas, participavam executivos de cada empresa.

O que está acontecendo realmente no seu setor? Como tomar conhecimento de opiniões e fatos reais através dos olhos de pessoas de fora da sua esfera de influência? Conquistar os prazeres e os benefícios dos relacionamentos dentro do setor pode ser altamente vantajoso. É maravilhoso poder contar com amigos de outras partes do país para conversar sobre o setor e sobre suas empresas. Você vai descobrir acontecimentos comparáveis e outros nem tanto; vai também perceber em que situações perdeu oportunidades. Esses colegas, além de fontes inesgotáveis de informação, tornam-se amigos muito caros. Convide-os para conhecer e avaliar o seu trabalho. Essa estratégia foi muito útil para mim e para outras pessoas que conheço.

Outro exemplo: a Helzberg estava em um apuro terrível. Imagine atuar no ramo de diamantes e não ter seguro. Durante seis meses, discutimos com a seguradora, que só queria renovar nossa apólice se instalássemos novos cofres em todas as lojas. O custo da obra, com derrubada de paredes, seria proibitivo. Estávamos a ponto de ficar com quase 80 joalherias sem cobertura do seguro. Finalmente, nosso controller *entrou em contato com um colega que ocupava a mesma função na Zale's Jewelers, nossa maior concorrente. O pessoal da Zale's, inteligentemente, sabia que boas práticas de seguro trariam benefícios a todo o setor. Então, facilitou nosso contato com seu corretor. Em duas semanas, tudo estava resolvido. Além do seguro, tínhamos um corretor melhor. Tudo por que nosso* controller *não teve medo de pedir ajuda.*

A troca de informações entre empresas que não competem entre si — e, às vezes, entre as que competem — pode ser de grande utilidade. Reconheça claramente que a prática tem alguns riscos, pois talvez ocorram vazamentos, mas as potenciais vantagens fazem valer a pena. Primeiro, você tem de decidir: Sente-se confortável compartilhando informações? Acredita que as vantagens valem mais que a possibilidade de que informações caiam nas mãos do concorrente? *Caso dê certo, essa técnica pode levar à crítica construtiva e a alguns acertos, em termos de idéias que levem ao aumento dos lucros.*

Jamais esquecerei o que aprendi com o pessoal da Rudolph Jewelers, em um de nossos encontros: que o *Mother's Ring* seria um campeão de vendas. *Mother's Ring* (o anel da mamãe) era uma novidade de que eu ainda não tinha ouvido falar. Na verdade, tratava-se de duas alianças unidas pelas pedras preciosas associadas ao mês de nascimento dos filhos. O anel provou seu apelo irresistível na época do Dia das Mães. A idéia garantiu muitas vendas à Helzberg Diamonds. Espero que tenhamos pago à Rudolph Jewelers na mesma moeda.

A comparação entre idéias, dúvidas e problemas tem valor inestimável. Fred Ball, um altamente bem-sucedido dono de mercearias, formou um pequeno grupo com cinco colegas. De tempos em tempos, os participantes do grupo visitam as mercearias uns dos outros e, em seguida, conversam com o proprietário sobre o que viram. Todos entendem que a finalidade das visitas não é bajular, mas ajudar. Os benefícios dessa técnica não podem ser subestimados.

Este não é um "programa do eu sozinho". Se quer que as coisas aconteçam, torne os seus funcionários co-responsáveis. Cuide para que eles participem do programa na mesma medida que você. Faça o processo funcionar. Promova reuniões dos funcionários com o grupo. Se quiser destruir a execução de idéias, converse somente com os "chefes". Por outro lado, quando os funcionários se relacionam com o grupo, inclusive fazendo perguntas, as probabilidades de sucesso são maiores. O maior desafio é vencer a síndrome de "não foi idéia nossa" e tornar as pessoas receptivas. Planeje cuidadosamente as reuniões com colegas e funcionários. Fuja à tentação de cobrir um número excessivo de áreas. Cada envolvido no processo deve apresentar sua pauta com antecedência, escolhendo-se o encarregado de reunir os temas sugeridos e organizar as prioridades, de modo que o tempo seja bem distribuído. Muito dessa questão estrutural depende do estilo de gerenciamento adotado pelo grupo.

Depois de cada uma dessas reuniões, a sua equipe deve conversar, para resolver quais idéias devem ser postas em prática e organizar o cronograma. Então, é preciso haver um acompanhamento, para que cada indivíduo responsável preste contas do progresso alcançado.

Outras maneiras de monitorar o setor incluem a assinatura de serviços que levem a você a propaganda e matérias relativas aos concorrentes. Além disso, um elemento da própria empresa deve ficar responsável por verificar regularmente as novidades na internet. Procure associações comerciais, para checar a disponibilidade de material. Assine publicações sobre negócios e freqüente seminários, que são ótimas ocasiões para conhecer pessoas, ainda que as palestras sejam pouco interessantes. A expressão "gerenciar andando" é uma boa descrição de outro método importante que você pode utilizar para monitorar o setor. *Não* subestime os concorrentes e mantenha a mente, os ouvidos e os olhos bem abertos.

Visualize-se como uma esponja gigante a absorver, de todas as fontes, informações que serão comparadas, avaliadas e analisadas, levando às providências a tomar. Muitas empresas tiveram um final trágico porque os empresários alcançaram um alto nível de sucesso, que provocou surdez e cegueira severas, levando a um estado de arrogância limitadora. Esses recursos externos podem ajudar a organização a manter o dinamismo.

Garimpando diamantes

- Evite se isolar do mundo que existe fora da empresa.
- Compareça a encontros que reúnam o pessoal do setor, formando uma rede de relacionamentos e fazendo novos amigos com quem possa partilhar informações confortavelmente.
- Forme um grupo de colegas para que uns critiquem o trabalho dos outros. Organize visitas periódicas. Estabeleça regras claras: críticas, e não elogios. A bajulação de nada serve.
- Fuja da idéia de que a sua é uma boa empresa e não precisa de ajuda para melhorar. Procure evoluir de boa para ótima. (Leia o excelente livro *Good to Great — Empresas Feitas para Vencer —* de Jim Collins.)
- Inclua a sua equipe de funcionários na preparação das reuniões.

O indivíduo inteligente aprende com a experiência alheia.
O indivíduo comum aprende com a própria experiência.
O tolo não aprende com a experiência de ninguém.

Anônimo

28

SEGUINDO O INSTINTO: QUANDO CONFIAR NOS PRÓPRIOS SENTIMENTOS

Papai costumava dizer que, quando as pessoas jogam água fria na sua idéia e você continua a acreditar nela, é sinal de que talvez esteja certo.

Esse era um modo de dizer que, às vezes, devemos seguir nossos instintos. Falo de emoções e sentimentos que, se levados em conta, podem nos guiar no sentido de boas decisões na hora de enfrentar problemas complexos.

Meu pai, com seu temperamento agitado, estava sempre pensando em uma nova promoção. Quando tinha alguma coisa em mente, carregava consigo um lápis e um bloco, onde anotava as idéias que lhe ocorriam. Às vezes, acordava às três da madrugada e dizia, todo animado: "Achei a resposta!"

Tal como muitos empreendedores bem-sucedidos que conheci, papai confiava mais na intuição do que em planos de negócios e previsões de mercado. Não acredito que ele fosse capaz de explicar como acontecia; nem se preocupava com isso. Mas conseguia descrever como as idéias que brotavam de dentro dele pareciam boas e verdadeiras. Não havia dúvidas ou suposições que o atrapalhassem.

Ainda hoje, alguns de seus projetos parecem ousados e impetuosos, mas foram eles que lhe deram destaque. Em 1920, ao assumir a empresa do meu avô, ele mudou a sede para um prédio muito maior e se proclamou um mercador de diamantes, embora tivesse apenas 17 anos, pouco entendesse de pedras preciosas e nada mais tivesse a oferecer, a não ser as mercadorias de sempre.

Intuitivamente, ele sabia que os potenciais compradores de diamantes representam o máximo do comércio de jóias. Mais tarde, comprou espaço em jornais de grande circulação e lançou promoções, inclusive viagens de avião e relógios. As pessoas começaram a se referir a ele como "O Homem de Diamante", o que certamente lhe agradava. (Quando o correio entregou uma carta endereçada ao "Homem de Diamante, cidade de Kansas, Missouri", ele usou o fato para fazer um grande anúncio no jornal.)

Segundo alguns, as idéias de papai deixavam a empresa em apuros. Para ele, porém, as idéias pareciam boas, e geralmente estavam certas. Papai sabia ouvir. Ele gostava de mentores. No entanto, talvez por haver começado cedo e ter sido obrigado a confiar em si mesmo, aprendeu a "desligar", quando as palavras alheias o desviavam de seu propósito, e a ouvir a pura voz interior que existe em todos nós.

A sua voz interior fala com você através do seu instinto. Não há mistério algum nisso. O instinto, ou a intuição, vem da mente inconsciente, um repositório de todas as experiências de vida. A mente é uma esponja que absorve tudo que você prova, sente, vê, ouve, aprende e vive o dia todo.

A mente consciente não consegue manter registro de todas essas informações, mas cientistas descobriram que a mente inconsciente age sem parar, processando, classificando e arquivando esses dados, de maneira muito semelhante ao computador. Assim, você dispõe de todas as informações, quando precisa. Na verdade, a sua mente inconsciente pode ter analisado um problema de que só mais tarde a mente consciente toma conhecimento. Daí aquele sentimento de "arrá!", quando reconhecemos algo que temos a impressão de saber.

A mente inconsciente tem outra vantagem. Ao contrário da mente consciente, o instinto não é afetado por opiniões conflitantes, inseguranças ou emoções negativas que podem influir no julgamento. Quando entramos em sintonia com nosso eu interior, ficamos mais propensos a travar contato com emoções e sentimentos francos e honestos.

Não é por coincidência que você talvez tenha ouvido um executivo dizer, depois de fechar um grande negócio: "Eu senti que ia dar certo." Quando Warren Buffett comprou a Helzberg Diamonds, teve tanta certeza do negócio que eliminou a devida diligência, para apressar as negociações. Buffett com certeza "fez o trabalho de casa", mas também teve uma forte resposta intuitiva: "Sinto o cheiro dessas coisas", disse. "E esta cheira bem."

Para quem nunca fez, talvez seja difícil prestar atenção aos próprios sentimentos e emoções — em especial para aquele que se acostumou a deixar que os chamados experts lhe digam o que fazer. Experimente durante um mês e veja o que acontece. Uma boa idéia é procurar um local tranqüilo, sem ruídos para distrair a atenção. Ou fazer como meu pai, que fornecia informações à mente e deixava que o subconsciente trabalhasse enquanto ele dormia. Algumas pessoas acham mais fácil despertar idéias inovadoras se estiverem em um ambiente cheio de gente criativa.

Agir com base no instinto pode representar economia de tempo, agilizando a tomada de decisões, em especial quando você tem pressa e não pode experimentar várias opções. Às vezes, a intuição falha, mas em geral não é nada tão grave que impeça uma rápida modificação. E, se for o caso, pode impedir uma decisão equivocada.

Confiar no instinto não significa deixar de usar a mente consciente. Os dois atuam juntos. A voz interior pode confirmar soluções sugeridas pela mente consciente, mais analítica, energizando decisões e tornando-as verdadeiramente inspiradas.

GARIMPANDO DIAMANTES

- Pergunte ao "professor" que existe em você: "Acha que está certo?"
- Avalie a força da sua convicção.
- Caso esteja em conflito, veja se é possível "dormir sobre o problema".
- Não subestime o valor da sua intuição.

Minha idéia de decisão de grupo é me olhar no espelho.

Warren Buffett, investidor

Grandes espíritos sempre enfrentam a oposição de mentes medíocres.

Albert Einstein (1879-1955), físico, ganhador do Prêmio Nobel de 1921

29
INFORMAÇÕES DE VALOR INESTIMÁVEL: GRUPOS-FOCO

Grupos-foco nos disseram que "Jewelry 3", o nome original de nossas joalherias localizadas fora de centros comerciais, não queria dizer nada, que as lojas pareciam sempre fechadas, que davam a impressão de estarem ainda em construção e que a propaganda não correspondia à realidade. Para nós, foi um choque.

Aqueles grupos-foco nos deram muito em que pensar. Não fazíamos a menor idéia da confusão que o nome "Jewelry 3" causava nos clientes. Não tínhamos noção do valor da marca Helzberg Diamonds, embora eu me lembre de vários funcionários perguntarem por que a mudança de nome das lojas de rua. Eu não soube ouvir! A partir de então, fizemos mudanças, e todas as lojas passaram a ter o mesmo nome, qualquer que fosse a localização: Helzberg Diamonds. Confusão, nunca mais.

Grupos-foco são ideais para reunir informações qualitativas sobre opiniões e atitudes, impossíveis de obter em uma pesquisa. As pessoas precisam de mais de 30 segundos para explicar o que as motiva ou influencia na hora de fazer escolhas. Em uma pesquisa por telefone, por exemplo, não se consegue descobrir a verdadeira razão pela qual um comprador prefere a Helzberg Diamonds à joalheria X, na outra ponta do shopping, e vice-versa.

Os grupos-foco, em sua maioria, contam com 8 a 12 participantes, em geral com alguma característica comum, o que estabelece uma ligação entre eles e facilita a comunicação. Forme um grupo de clientes ou de não-clientes, mas não revele aos participantes o critério de escolha nem quem é o patrocinador. Assim, evita-se a parcialidade, pois ninguém se sente pressionado a agradar ao patrocinador, caso goste dele, nem propenso a desagradar, ser for o contrário.

Freqüentemente conseguem-se, nesses grupos, valiosas informações qualitativas. Além disso, são úteis para testar idéias novas, melhorar projetos existentes, criar campanhas de vendas e apontar detalhes importantes no atendimento ao cliente. Os participantes podem falar livremente, usando as palavras que acharem melhor, para descrever aquilo de que gostam e do que não gostam. Não admira que os grupos-foco tenham se tornado essenciais para candidatos a cargos políticos e para as empresas listadas na revista Fortune 500, quando querem elaborar estratégias e criar uma imagem. O questionamento é imparcial, por exemplo: "Cite os nomes das joalherias de que ouviu falar ou onde já comprou." O moderador organiza a lista em um quadro e discute cada nome em separado.

É preciso habilidade para obter opiniões pessoais e trazer sentimentos à tona, quando se trata de um grupo. Os participantes se sentem mais à vontade para falar simplesmente "gosto" ou "não gosto" do que em se destacar ao emitir opiniões. Dados históricos são fáceis de conseguir — o que aconteceu, o que não aconteceu, o que poderia ter sido melhor, etc. No entanto, com o emprego de técnicas projetivas e de outros exercícios de dinâmica de grupo, moderadores de talento levam os participantes a apoiar ou não novas idéias. Portanto, pise neste terreno com cuidado.

Um bom moderador sabe neutralizar algum foco de tensão e, com jeitinho, redirecionar os esforços de um participante cuja dominância esteja intimidando os outros. O sucesso de um grupo-foco freqüentemente depende de um moderador criativo que demonstre inteligência, habilidade verbal, empatia e paciência.

Como o grupo-foco é relativamente pequeno, os participantes não necessariamente refletem a população como um todo, mas ainda assim podem apresentar ao empreendedor grandes oportunidades de aprender e de estudar áreas desconhecidas. Em nosso vasto mundo, é difícil acompanhar as constantes mudanças do mercado. Às vezes, ficamos tão isolados que não percebemos oportunidades que poderiam energizar nossos negócios. Clientes e não-clientes muitas vezes são os especialistas aptos a dizer como vamos. Um grupo-foco é capaz de facilitar o acesso a essa informação. Uma sessão de grupo-foco pode representar uma chuva de idéias espontâneas e de inspiração para o pessoal da publicidade, por exemplo.

Além do trabalho com o grupo-foco, uma boa idéia é fazer uma pesquisa quantitativa com uma série de perguntas. Os resultados, então, são registrados e analisados. Os métodos de pesquisa têm avançado. Em vez dos entrevistadores que batiam à porta, a internet é atualmente um recurso bastante comum.

As discussões têm melhor resultado quando lideradas por um moderador profissional. No entanto, se houver necessidade de conter as despesas, pense na possibilidade de convocar uma turma de estudantes de marketing para desenvolver o projeto de um grupo-foco.

Pesquisas podem ser muito úteis. Mas, se você não gostar dos resultados, vai levá-los em consideração? Se a resposta for "não", guarde o seu dinheiro. Não quero dizer, porém, que você deva aceitar cegamente as conclusões do grupo. Depois de digerir a informação, aplique o que aprendeu à situação e, então, confie no seu instinto.

GARIMPANDO DIAMANTES

- Grupos-foco são ótimos para colher opiniões e atitudes às vezes difíceis de quantificar.
- O sucesso de um grupo-foco depende, em grande parte, de um moderador talentoso que mantenha os participantes focados no assunto e impeça que um ou dois indivíduos dominem a cena.

A vantagem do grupo-foco são as informações detalhadas. Os resultados podem sugerir uma subseqüente pesquisa qualitativa ou quantitativa.

A única lição que aprendi foi: é preciso prestar atenção.

Diane Sawyer, jornalista e âncora

Todos os indivíduos inteligentes possuem uma característica em comum: a capacidade de ouvir.

Frank Tyger, autor

30
Dê valor a quem discorda de você: porque a crítica construtiva é saudável

Quando quis formar um conselho consultivo, uma das primeiras pessoas que convidei foi o meu amigo Bob Schweich, um competentíssimo analista de Wall Street que tinha sido extremamente bem-sucedido. Fui bem franco:

— Bob, você é insuportável e por isso preciso de você no meu conselho consultivo.

Seus conselhos iam sempre direto ao ponto. Eram simples e valiosos. Certa vez, ele me disse saber a razão do meu sucesso. Com a objetividade de sempre, falou:

— Com certeza não é o carisma, Barnett. É que você escuta o que as pessoas dizem.

Consegui sobreviver depois de ouvir aquilo. Na verdade, eu me senti tremendamente elogiado.

Quer aumentar as suas chances de tomar uma grande decisão? Encontre alguém que discorde de você. Pode parecer estranho, mas aprendi que uma opinião contrária, seja de um amigo, um cliente ou de um consultor, pode ser um meio de chegar a uma decisão mais satisfatória.

O fato de ser chefe não faz você ter sempre razão. Não é porque a decisão definitiva é sua que você tem de ter todas as respostas. O seu nome afixado na porta não o torna mais inteligente do que os outros; apenas ajuda para quem quiser encontrar a sua sala.

Às vezes, é difícil abrir os ouvidos e a mente, em especial

quando se tem a certeza de haver entendido toda a situação. Não esqueça que pessoas diferentes vêem as coisas de modo diferente. E outros podem ter uma percepção mais apurada do que a sua. Exercite-se, e os seus ouvidos vão se sintonizar automaticamente com as nuances do que as pessoas dizem.

Felizmente, foram poucas as vezes em que tive problemas com pessoas que opinaram sobre o que eu deveria fazer. Os funcionários brincavam comigo, dizendo que eu era capaz de ir para a rua e perguntar a 20 passantes o que achavam acerca de determinado assunto. Verdade. Às vezes, porém, fica difícil conseguir feedback honesto. As pessoas com quem você trabalha podem pensar que só lhe interessa ouvir coisas boas, e não o que acontece realmente. A busca da verdade pode ser desesperadora. Portanto, valorize quem discorda de você; esse indivíduo é um recurso precioso e talvez seja o único com bom senso para impedir a sua queda no abismo. Eu tive minha cota de desastres, devo dizer. Em geral, aconteceram quando não havia ninguém por perto para me avisar. Ou talvez eu não tenha sabido ouvir.

Saiba também que as pessoas se cansam de dar conselhos, quando são ignoradas. Não adianta fingir. Não tente fazer as pessoas pensarem que você se interessa por seus conselhos, se não for assim. Elas sabem quando estão sendo usadas. Se não quer conselhos, não peça. Se quer reunir mais poder intelectual em torno de você, escute. Sempre digo aos meus alunos da Rockhurst University: "Elogios não fazem de mim um professor mais competente. Digam-me como melhorar este curso."

Se quer mesmo a verdade, experimente fazer estas três perguntas mágicas a funcionários, clientes e fornecedores:

1. Das coisas que fazemos, de que você gosta?
2. Das coisas que fazemos, de que você não gosta?
3. O que não fazemos, mas você gostaria que fizéssemos?

GARIMPANDO DIAMANTES

- Ouça atentamente quem emitir uma opinião contrária à sua.
- Estimule a honestidade e a franqueza em todos os relacionamentos pessoais e profissionais.
- Elogios são muito bons, mas o conselho para melhorar também é.
- Faça as três perguntas mágicas, adaptando o enunciado ao público-alvo.

Não quero à minha volta homens que só dizem "sim". Quero que todos digam a verdade — mesmo que isso lhes custe o emprego.

Samuel Goldwyn (1882-1974), produtor norte-americano de cinema

Não me ofendo com as críticas, ainda que, em nome da ênfase, fujam por vezes à realidade.

Sir Winston Churchill (1874-1965), primeiro-ministro britânico

31
POR QUE O LUCRO RÁPIDO PODE DESVIAR VOCÊ DOS SEUS OBJETIVOS

Os relógios do tipo bolha eram feitos de plástico e custavam apenas 13,88 dólares. Em certo momento, foram objetos de desejo. Entramos na moda. Na época, pareceu um lucro fácil e rápido, mas logo descobrimos que quem entrava na loja para comprar um relógio daqueles não se interessava em olhar outras mercadorias. Em outras palavras: não conseguíamos o benefício a longo prazo que seria o impulso da venda de jóias mais sofisticadas.

Ficou claro que pedir, expor e vender os relógios do tipo bolha, além de discutir a respeito, não valia a pena, pelo tempo gasto. A longo prazo, tratava-se de um mau investimento. Depois de repetidas discussões sobre se devíamos ou não aproveitar a moda, concluímos que, apesar da movimentação causada pelos relógios, a mercadoria nada acrescentava à nossa missão de nos tornarmos a loja de preferência de todos quantos pensassem em comprar diamantes.

Quem queria ser a loja de preferência para quem pensasse em comprar um relógio do tipo bolha? E depois que a moda passasse? O que venderíamos? Bambolês? De jeito nenhum. Se não ajuda a vender diamantes, nada a ver.

Você provavelmente já presenciou muitas vezes uma discussão acalorada ser interrompida pela velha justificativa "Mas dá lucro!" e fim de conversa. Não deveria ser. Questione a idéia simplista de que o lucro é tudo. Porque não é.

A primeira pergunta é: "A ação que pretendemos adotar nos aproxima do nosso objetivo?" Vamos falar claramente. O objetivo de uma empresa não é apenas fazer dinheiro. Este é o subproduto de um trabalho bem-feito. Na Ford, houve uma campanha anual cujo tema era: "Isto vende carros?" E a Helzberg Diamonds, inspirada pela idéia, usou: "Isto vende diamantes?"

A segunda pergunta é: "Qual é o retorno sobre o investimento?" O lucro, embora uma medida simples e quantificável, está longe de ser a resposta completa. Fim de conversa.

GARIMPANDO DIAMANTES

- Ir em busca do lucro rápido, desviando assim a atenção do objetivo que se tem em mente, é um erro. (Máquinas de goma de mascar em joalherias podem dar lucro, mas vão fazer de você o mais fino vendedor de diamantes?)
- Pergunte-se se as suas ações atuais, ou as que pretende adotar no futuro, aproximam você do seu objetivo a longo prazo.
- Lembre que o lucro é um subproduto, e não a meta.

Determinação não garante o sucesso. Por outro lado, a falta de determinação é garantia de fracasso.

Tom Peters, palestrante e escritor especializado em negócios

32
NÃO DESISTIR

Winston Churchill disse ainda melhor: "Nunca desista! Nunca! Nunca! Nunca!" Quando Thomas Edison, ao desenvolver o filamento da luz elétrica, testou e rejeitou milhares de materiais, demonstrou que, além de muito inteligente, era dono de uma persistência inabalável. Será que as pessoas percebem o quanto Edison teve de trabalhar, apesar do rótulo de "gênio"? Ele considerava cada teste um sucesso, pois ficava sabendo que mais uma substância não serviria como filamento. Para ele, o sucesso era uma seqüência; fracasso é quando desistimos.

Toda vez que um avião decola lotado de passageiros, levando toneladas de bagagens e carga, penso em como os irmãos Wright foram sonhadores e questiono a possibilidade de um objeto mais pesado que o ar levantar vôo. Sua persistência valeu a pena. Toda vez que entro em um deles, sinto-me extremamente gratificado pelo fato de este milagre ter acontecido.

O golfista Tiger Woods é um excelente exemplo. Em 1999, ele procurou seu técnico e lhe pediu que mudasse seu swing, o movimento de rotação do corpo para dar a pancada na bola. E foi assim que alcançou um nível mais alto de sucesso, sendo reconhecido como o golfista mais completo do mundo. Os melhores insistem!

Conclusão: ganhe, perca ou empate, continue tentando! E, mesmo alcançando o sucesso, insista!

GARIMPANDO DIAMANTES

- "Nunca desista! Nunca! Nunca! Nunca!"
- Seja ganhando ou perdendo, não desista. E, se ganhar, continue a praticar, a aprender e a melhorar.
- Lembre que, por melhor que seja o resultado, você está sempre começando.
- Não seja realista! Corra atrás do seu sonho!

Nada é impossível; sempre existem caminhos e, se tivermos bastante determinação, sempre haverá meios suficientes. Quando dizemos que algo é impossível, na maioria das vezes estamos apenas dando uma desculpa.

François de La Rochefoucauld (1613-1680), autor francês

Sempre há uma resposta.

B. C. Helzberg

33
Desistir

A sabedoria dos índios da tribo Dakota, passada de geração em geração, diz que, quando você descobre que está montando um cavalo morto, a melhor estratégia é desmontar. No moderno mundo empresarial — tal como na educação e no governo — como os gastos anteriores são levados em consideração, outras estratégias costumam ser tentadas com cavalos mortos, inclusive as seguintes:

- *Comprar um chicote mais forte.*
- *Mudar o cavaleiro.*
- *Ameaçar o cavalo de demissão.*
- *Formar uma comissão para estudar o cavalo.*
- *Programar uma visita a outros locais, para ver como se monta um cavalo morto.*
- *Reduzir os padrões, de modo que cavalos mortos possam ser incluídos.*
- *Reclassificar o cavalo morto como "de vitalidade prejudicada".*
- *Contratar serviços terceirizados de cavaleiros para montarem o cavalo morto.*
- *Arrear vários cavalos mortos, juntando-os para aumentar a velocidade.*
- *Providenciar financiamento e/ou treinamento adicional para melhorar o desempenho do cavalo morto.*
- *Fazer um estudo da produtividade, para ver se o emprego de cavaleiros mais leves melhora o desempenho do cavalo morto.*
- *Declarar que o cavalo morto acarreta menos despesas gerais, sen-*

do portanto mais proveitoso para o resultado final do que outros cavalos.

- *Reformular as exigências de desempenho esperadas para todos os cavalos.*
- *Como estratégia final, promover o cavalo morto a um cargo de supervisão.*

Quase todo empresário pode contar histórias de funcionários que foram mantidos por mais tempo do que deveriam. Sem dúvida, isso se deve, em parte, ao verdadeiro pavor de demissões. Todo ser humano decente pode sentir isso. Mas é justo manter um indivíduo em uma posição na qual não vai progredir, impedindo-o talvez, de obter em outro lugar uma posição e um salário melhores? E é justo para a organização? Seria uma escolha entre um indivíduo apenas perder seu emprego ou todos os outros perderem o emprego devido à falência da empresa? Se você fizer bem o seu trabalho, inspecionando e aconselhando, o choque certamente será minimizado.

Uma das nossas melhores e mais felizes decisões foi a de nos livramos das mercadorias que eram cavalos mortos, o que levou a empresa a crescer na mesma proporção. Eliminamos louças, cristais, talheres, malas, rádios, pequenos aparelhos e outros artigos não ligados à joalheria — *ad infinitum* e *ad nauseum*. Acabamos com a prática da audiometria, que era feita em algumas lojas. Descobrimos que, quanto menos vendíamos, melhor vendíamos o que realmente interessava: jóias finas. Tinha chegado a hora de desistir de artigos não essenciais, e não hesitamos em fazer isso. A empresa ganhou foco e, ao reduzirmos o número de tarefas, nós nos tornamos mais bem-sucedidos.

Com certeza, uma das decisões mais acertadas que tomamos foi a de fechar as lojas que ficavam na fronteira entre o lucrativo e o não lucrativo. Quem pode se sentir motivado a trabalhar em uma loja que é rotulada como "fraca"? Estávamos destruindo recursos humanos, empregando capital e desviando o foco do escritório central. Não havia razão para a manutenção daquelas lojas. E que desperdício de bons funcionários! Um lucro modesto nem se aproxima dos resultados obtidos quando é enviado um pessoal excelente para transformar lojas boas em ótimas. Mandar um gerente "mais ou menos" para uma missão impossível faz ainda menos sentido. Remova esses cânceres o mais rápido que puder. Você vai se surpreender com o aumento dos lucros.

GARIMPANDO DIAMANTES

- Um investimento alternativo de tempo seria mais lucrativo? Qual é o custo de montar um cavalo morto?
- Encare a verdade. Você está se enganando.
- Quanto mais longa a espera para entrar em ação, mais fundo o buraco cavado por você.

Know when to hold'em — know when to fold'em.
(Saiba quando prender e quando ceder.)

Letra da canção *The Gambler*, interpretada por Kenny Rogers e composta por Don Schlitz

Aquilo que não vale a pena fazer não vale a pena fazer bem.

Warren Buffett, investidor

34

ANALISE O MUNDO DO CLIENTE, E NÃO O SEU

Quando eu era jovem, a Firestone Tire Company tinha um programa de rádio todos os domingos à tarde. Na nossa casa, tal como em milhares de outras, ouvir o programa era um verdadeiro ritual.

Anos mais tarde, eu soube que, quando foi apresentada a idéia do programa, o sr. Firestone não demonstrou interesse. "Nos domingos à tarde, todo mundo vai jogar pólo", ele disse. Afinal, atendendo a conselhos, ele comprou o programa. Toda uma geração e eu apreciamos o programa por muitos anos.

O importante é ouvir o que diz o cliente, e não necessariamente as suas opiniões, ou as idéias de quem mora com você, ou as do seu primo em terceiro grau. Tanto somos *vítimas* como beneficiários das nossas experiências.

Opiniões pessoais podem distorcer perigosamente as suas decisões. Houve um tempo em que cismei que, se minha mãe ou minha mulher gostassem de determinada mercadoria, ela não seria sucesso! Avalie as coisas no contexto das preferências dos seus clientes.

GARIMPANDO DIAMANTES

- A experiência tanto pode ser útil quanto limitadora. Abra a sua mente! É provável que a sua experiência como cliente não seja a mesma. E a sua percepção também pode ser diferente da percepção dele.
- Faça uma pesquisa formal ou informal dos hábitos e opiniões do seu cliente. Você talvez se surpreenda.
- Adapte a atitude do tipo "não sei", como se fosse um habitante de Marte sem experiência na Terra — e escute, escute, escute.
- Não presuma que tudo o que você sente e pensa em relação ao mundo seja verdade.

EIS AQUI UM PENSAMENTO ESPECIAL PARA AS CRIANÇAS

Já lhe ocorreu que o casaco é uma peça de roupa usada pela criança quando a mãe está com frio?

Bernard Meltzer, Professor Emérito da Cadeira de Direito
Edward H. Levi, University of Chicago Law School

35

VOCÊ VÊ OS SEUS FUNCIONÁRIOS COMO EMPREENDEDORES OU PREGUIÇOSOS?

Douglas MacGregor, conhecido por desenvolver a Teoria X e Y, escreveu The Human Side of Enterprise *(publicado no Brasil sob o título* O Lado Humano da Empresa*).*

A Teoria X presume que todos os empregados são tolos e preguiçosos, que procuram trabalhar o mínimo possível; segundo a Teoria Y, eles querem trabalhar e alcançar o sucesso.

A teoria se mantém atualizada e, tal como outros aspectos do conhecimento, é graciosamente simples, ligada à visão que o administrador tem dos empregados. Pelos depoimentos dos meus alunos de MBA da Rockhurst University, percebo ano após ano que, embora "óbvia", a Teoria Y está longe de ser considerada prática universal no ambiente de trabalho. Você administra com base na Teoria Y? Raramente? Às vezes? O tempo todo?

A Teoria Y é um princípio que vale a pena examinar no que tange às suas práticas de gerenciamento. *Nunca* subestime a capacidade dos funcionários de perceberem claramente os seus sentimentos em relação a eles.

GARIMPANDO DIAMANTES

- Comece acreditando que os seus empregados são capazes de fazer o melhor.
- Confie neles. Acredite neles. Não estenda uma decepção com uma pessoa para todas as outras. Não perca a fé no ser humano para sempre. Sugestões para leitura: *First, Break all the Rules* (*Primeiro Quebre Todas as Regras*), de Marcus Buckingham e Curt Coffman, e *The Human Side of Enterprise* (*O Lado Humano da Empresa*), de Douglas MacGregor.

Às vezes, o sucesso depende mais da atitude do que da aptidão.

Anônimo

Os líderes sabem que "quanto mais alto você chega,
mais gentilmente estende a mão."

Sheila Murray Bethel, palestrante, autora, mulher de negócios

36

O RESULTADO POSITIVO DO FRACASSO DA ENRON

O fiasco da Enron me obrigou a lembrar o conselho do meu pai: encontrar um aspecto positivo em uma situação incrivelmente negativa. É lamentável o sofrimento causado a milhares de pessoas pela crueldade, ganância e desonestidade de poucos. Depois de muito pensar, cheguei à conclusão de que, como a desonestidade e a ganância jamais deixarão de existir, talvez agora os empregados de todas as empresas sejam menos ingênuos e exijam dos empregadores um padrão mais elevado de conduta. Assim, os empregadores vão se conscientizar da importância dos altos padrões, se não por motivos morais, ao menos pelo bem dos negócios. A omissão e as meias-verdades podem destruir a credibilidade conquistada durante muitos e muitos anos.

Uma comunicação ampla (desde que não comprometa a empresa) com os funcionários, em especial quando se tratar de notícias ruins, é muito mais saudável do que os rumores alarmistas que cercam a sonegação de informações. Minha experiência diz que os funcionários preferem saber de tudo, de maneira precisa e rápida, ainda que as informações sejam negativas. Quando o patrão é bom para os empregados, os empregados são bons para a empresa.

GARIMPANDO DIAMANTES

- A exposição da ganância e da fraude corporativa revelou a importância de se evitarem ações ou declarações enganosas por parte da empresa.
- A história recente de desonestidade leva à exigência de padrões mais elevados, tanto de empregados como de empregadores.
- Quanto mais precocemente você transmitir as notícias, boas ou más, aos seus funcionários, maiores as chances de evitar falhas na comunicação.
- A omissão pode ser mais danosa do que a comissão.

De nada adianta a capacidade sem honra.

Andrew Carnegie (1835-1919), industrial e filantropo

O caso Enron representa, sem dúvida, uma tragédia, mas é importante não perder de vista as prováveis conseqüências positivas do fato. Como resultado da quebra da Enron e da indignação que se seguiu, o sistema corporativo dos Estados Unidos ressurgirá mais forte e mais eficiente do que antes.

The Financial Times

37
Como ter uma sorte fantástica

Um bom exemplo de sorte foi o meu encontro fortuito com Warren Buffett em uma rua de Nova York. Eu estava preparado, porque há alguns anos vinha comparecendo a suas reuniões anuais, e sabia o tipo de pessoa que ele era. Além do mais, eu estava em Nova York cuidando exatamente do assunto que levei a ele — a venda da empresa — e tinha perfeita consciência da minha missão. Acrescente-se aí a total audácia de ir até o homem, apresentar-me e lhe oferecer a minha empresa e teremos um caso de sorte fantástica.

Existem muitas definições inteligentes e interessantes de sorte, como "situação em que a prontidão encontra a oportunidade". Empreendedores são peritos em juntar as duas e criar encontros felizes que, quando vistos em perspectiva, parecem verdadeiros milagres. Em muitos casos, a situação está longe de ser acidental. Quando você tem a mente focada nas suas metas e se prepara para encontros bastante improváveis, você faz acontecer.

Depois de uma palestra na University of Kansas, alguém do auditório me perguntou sobre sorte. Então, atribuí a esse fator boa parte do meu sucesso. Mais tarde, pensei: "Prestei um grande desserviço àquele jovem." Meu raciocínio foi que, ao atribuir meu sucesso à sorte, dei a ele uma desculpa para fracassar, pensando: "Não tive a mesma sorte de Barnett."

Tal como os empreendedores mais bem-sucedidos, eu certamente recebi uma generosa cota de boa sorte, mas minto deliberadamente sobre isso às minhas turmas de MBA da Rockhurst University. E digo que estou mentindo! Explico que faço isso porque prefiro deixar para cada indivíduo o peso e a responsabilidade do sucesso. Meu objetivo em relação a você, que está lendo este livro, é o mesmo.

GARIMPANDO DIAMANTES

- Sorte é quando a prontidão encontra a oportunidade.
- Esteja alerta para oportunidades inesperadas.
- Preste atenção em potenciais cenários de sonho e faça a sorte acontecer. (Os sonhos às vezes se realizam. Por que não com você?)

Na maior parte das situações, boa sorte e má sorte
são sinônimos de boa e má avaliação.

John Chatfield (1695-1753), soldado da
Guerra da Independência dos Estados Unidos

Existe um velho ditado que diz: "Quanto mais você tenta,
mais sorte tem." Eu gosto dessa definição de sorte.

Gerald Ford, 38º Presidente dos Estados Unidos

38

Um homem pré-histórico pensa em abrir o capital

Na década de 1970, conversamos sobre, um dia, emitir ações para venda ao público. Na década de 1990, procuramos a Morgan Stanley, empresa de consultoria financeira, para saber quais seriam nossas opções de participação. Então fomos informados de que poderíamos fazer o que quiséssemos — inclusive abrir o capital —, pois a empresa tinha condição para isso. Ficamos indecisos entre a oferta pública e a opção de uma fusão ou aquisição. Gastamos uma quantia considerável para imprimir um prospecto preliminar e desenvolver um plano de opção de compra de ações para funcionários.

Infelizmente, o caso está relacionado com um dos defeitos que encontro em mim. Às vezes, o cérebro demora para amadurecer a idéia e acabo pagando por isso. Para conviver com a situação, explico a mim mesmo que, quando se contrata alguém por sua capacidade, deve-se aceitar suas falhas. Embora eu não tivesse escolha quando me contratei, no dia em que nasci, isso me ajuda a racionalizar alguns dos meus defeitos.

De todo modo, depois do tempo gasto e do dinheiro envolvido em parte da preparação para a oferta de ações, concluí, com minha visão provinciana, que aquela seria a ruína da empresa. Seríamos pressionados por ganhos trimestrais à custa de lucros a longo prazo, e os executivos teriam de investir muito tempo e esforço em ações que não venderiam mais diamantes, tais como reuniões de acionistas ou com analistas, planejamento de relações públicas, *ad nauseum, ad nauseum*. Mais tarde reconheci minha estupidez, que surge infalivelmente de tempos em tempos. Do meu ponto de vista, o preço da privacidade e todos esses outros fatores fizeram com que a atitude de não abrir o capital fosse uma opção lógica. Ainda me surpreendo ao pensar na agonia que sofri e nas despesas que tive para chegar a uma decisão que, para mim, era a mais óbvia. Sim, resumi a conclusão em: "arruinaria a empresa". A meu ver, isso aconteceria mesmo e, como o que se percebe passa a ser realidade, no meu caso foi válido.

GARIMPANDO DIAMANTES

- Ao considerar se vai ou não oferecer ações para compra, pegue uma folha de bloco e anote os prós e os contras.
- Os prós incluem acesso ao mercado de capitais e possibilidade de ganhos financeiros para todos os funcionários da empresa.
- Considere o que vai acontecer quando o preço das ações cair de tempos em tempos, o que inevitavelmente vai acontecer.
- Você se preparou para ver os gerentes que ocupam posições-chave passarem muito tempo fora de suas funções — na verdade, em uma segunda empresa?
- Além da perda de foco, você se preparou para uma categoria de despesas inteiramente nova, ligada ao fato de se tratar de uma empresa de capital aberto?

Fazer duas coisas ao mesmo tempo é não fazer nenhuma.

Publilius Syrus (século 1 a.C.), escritor.

39

O QUE EU APRENDI?

Na década de 1940, o brilhante advogado Arthur Mag, que acompanhou meu pai praticamente durante toda a vida, foi a Washington com o vice-presidente executivo da Helzberg Diamonds, para visitar uma repartição federal. Ao saírem de lá, iam caminhando, quando Mag perguntou:

— O que você aprendeu?

Essa é uma pergunta que você deve se fazer depois de toda experiência bem-sucedida e, principalmente, depois de todo insucesso. "O que eu aprendi?" Qual é o valor para o futuro, seja na vida pessoal, ou profissional, ou em ambas?

A Helzberg Diamonds abriu uma loja de muito sucesso na Califórnia, e nós, é claro, ficamos satisfeitíssimos. Então, nos fizemos a tal pergunta e organizamos uma lista de fatores positivos que haviam causado o sucesso do empreendimento.

Se a experiência for malsucedida, a pergunta é: "Como evitar que aconteça novamente?" Se for bem-sucedida, as razões são de vital importância, de modo que seja possível repetir o bom resultado.

Mais um truque de aprendizagem é acreditar que você vai ter de ensinar a alguém no futuro sobre o assunto. Por alguma razão, essa técnica ajuda a melhorar a aprendizagem.

GARIMPANDO DIAMANTES

- Pergunte: "O que foi que eu aprendi?"
- Pergunte: "Como posso evitar que isso aconteça no futuro?"
- Pergunte: "Como posso repetir este bom resultado?"
- Convença-se de que vai ensinar o que aprendeu, como forma de potencializar a aprendizagem.

As três palavras que ajudam a memória: atenção melhora fixação.

Anônimo

40

Como aumentar os preços

Muitos anos atrás, Paul Nadler, um fascinante economista da Rutgers University, falou para um grande grupo de empresários. Ele nos condenou por não prestarmos atenção à inflação, só porque havia caído de 12% para 6%. Segundo ele, se um rato for colocado em água morna cuja temperatura seja elevada em um grau por hora, ele não sai do lugar, ainda que a água ferva. Quando se analisa o efeito composto de uma inflação anual de 6%, vê-se que é extremamente sério e criaria um efeito incrível, com o passar do tempo.

Nunca esqueci aquela lição. Do outro lado da moeda do professor Nadler, existe uma lição interessante sobre precificação de mercadorias que são compradas repetidamente e cujo preço é notado e lembrado. Virando ao contrário este princípio, quando for possível e prático, os preços devem ser elevados aos pouquinhos por um longo período, ainda que em determinadas ocasiões isso não seja necessário. Os compradores vão ficar muito mais satisfeitos com o preço se você evitar um grande choque.

A escola dos nossos filhos, depois de anos sem aumentar as mensalidades, viu-se diante da necessidade de uma grande elevação no período de um ano. O aumento súbito criou grande insatisfação na comunidade de pais. Com a nossa sinagoga aconteceu a mesma coisa, gerando mal-estar na congregação. Tanto a escola quanto a sinagoga deveriam ter preferido "ferver o rato."

MANEIRA CERTA		MANEIRA ERRADA
Ano 1	$1.000	$1.000
Aumento anual de 6% (41,9% de aumento)		Sem aumentos. Aumento único de 41,9% no ano 7
Ano 2	$1.060	$1.000
Ano 3	$1.123	$1.000
Ano 4	$1.191	$1.000
Ano 5	$1.262	$1.000
Ano 6	$1.338	$1.000
Ano 7	$1.419	$1.419
TOTAL	$7.393	$6.419

No exemplo, o lucro extra é de $974. Resultado: mais lucro e clientes mais felizes, bem como fluxo de caixa adicional a partir do segundo ano, durante seis anos.

Garimpando diamantes

- Pulinhos a cada ano!
- Não espere até que a mudança de preço seja necessária; se for prático e possível, faça pequenos aumentos.
- Regra de 72: quando você divide 72 pela porcentagem do aumento, o resultado diz em quantos anos a quantia inicial terá dobrado. Exemplo: 72 divididos por 6% é igual a 12 anos para dobrar a quantia inicial.

A cadeia de confeitarias See's Candy é sua. Você olha no espelho e diz: "Espelho, espelho que me espera, quanto devo cobrar pelo bombom na primavera?" Se ele responde "mais", é um bom negócio.

Warren Buffett, investidor

41

CARTA ABERTA AO FUTURO EMPREENDEDOR

Caro Futuro Empreendedor:

Tenho ouvido meus alunos de MBA dizerem que não iniciam suas empresas por não terem idéias novas.

Depois de ouvir a mesma argumentação ano após ano, fui atingido pelo brilho ofuscante do óbvio. Quando conversei sobre meus pensamentos com os alunos, reparei que ficaram tocados. Daí esta carta.

Em vez de uma nova idéia, você teria mais êxito se pegasse um negócio já existente no mercado e o fizesse melhor, muito melhor. Afinal, a Sony não inventou a televisão, e a Dell não inventou o computador.

As razões básicas são duas. Primeiro, você não precisa agir como um pioneiro, explorando um novo caminho. Segundo, você tem a oportunidade de analisar um setor, trabalhar nele e estudá-lo, antes de embarcar na jornada. Tenho a impressão de que, no mundo dos negócios, o sucesso se baseia muito mais em quem fez melhor do que em quem fez primeiro.

O importante é o seguinte: se você pretende mesmo seguir o caminho do empreendedorismo, não precisa esperar que os céus se abram e despejem uma idéia nova e brilhante. Você também pode conversar com clientes da empresa e perguntar:

- De que você gosta no serviço ou mercadoria que está recebendo?
- De que você não gosta no serviço ou mercadoria que está recebendo?
- O que você gostaria de receber de diferente, nos serviços ou mercadorias?

A sua diligência deve incluir fornecedores, potenciais clientes e até concorrentes do mesmo setor que atuem em outras regiões do país, as quais você não pretende atingir. Você talvez se surpreenda com a receptividade de alguns. Se você consegue administrar a rejeição, procure entrar em contato com muita gente. Se não, pense duas vezes antes de empreender a sua jornada. Muita rejeição é uma das recompensas do empreendedorismo!

Boa caça e muito sucesso.

Barnett

GARIMPANDO DIAMANTES

- Você não precisa inventar um novo setor nem uma nova empresa para ter sucesso.
- Pense na possibilidade de fazer melhor um tipo de negócio já existente.
- As empresas existentes possibilitam uma diligência no setor.
- O nível de risco pode ser muito mais baixo quando se entra em um setor já existente, por causa da possibilidade de pesquisa.
- Se você quer inaugurar uma empresa, não existe a opção de comprar uma.
- Converse com clientes, fornecedores e potenciais concorrentes. Pergunte, pergunte, pergunte, aprenda, aprenda, aprenda — seja uma esponja!
- Organize um diário e anote o que aprendeu.
- À medida que o processo avançar, anote as conclusões a que chegou. (Vai ser interessante verificar como as idéias mudam no decorrer do processo.)

- Aprenda com a experiência alheia.
- Pioneiros são pessoas com flechas nas costas.

Muitas coisas atraem o meu olhar, mas poucas atraem o meu coração... É atrás dessas que penso em seguir.

Tim Redmond, escritor

Uso não apenas todos os cérebros que tenho, mas quantos consigo emprestados.

Woodrow Wilson (1856-1924),
28º presidente dos Estados Unidos

42

Você deve ir ou não?

No filme "Kramer versus Kramer", há uma cena em que Howard Duff, como advogado de Dustin Hoffman, diz que uma de suas maneiras preferidas de analisar os fatos é anotando os prós e contras em uma folha de bloco dividida ao meio. Assim, ele mostra a Hoffman por que a ação de divórcio de sua mulher teve resultado desfavorável.

A abordagem do bloquinho amarelo é boa para muitas decisões e, com certeza, funciona quando o indivíduo quer resolver se vai ou não ser um empreendedor. Existe um preço a pagar; é melhor que você reconheça isso antes de decidir e se certifique de que a família entenda.

Um dos meus alunos de MBA afirmou ter aprendido três coisas sobre os empreendedores:

1. São controladores.
2. São *workaholics.*
3. São divorciados.

Oliver Wendell Holmes, médico de profissão, escritor e poeta que viveu no século 19, disse certa vez: "Toda generalização é errada, inclusive esta." No entanto, alguns itens se aplicam o tempo todo, e todos se aplicam por algum tempo.

No meu caso, a parte do *workaholic* está correta, mas não a do controlador. Na verdade, muitas vezes já me condenei por não somente delegar, mas abdicar. Os executivos que se reportavam a mim me mantinham informado. Basicamente, eles faziam o que achavam interessante, dentro da orientação geral da empresa — que era extremamente simples, ou seja: confirmar-se como a joalheria com o mais alto faturamento de todo o shopping* e como empresa de qualidade que contava com o melhor pessoal da face da Terra.

No entanto, o problema do controle pode explicar por que alguns empreendedores não conseguem manter funcionários excelentes que não querem ser controlados, exigindo assumir autoridade e responsabilidade!

Empreendedores em potencial devem se convencer também de que irão trabalhar para os piores chefes que existem: eles mesmos. Não pode haver chefe mais exigente. Pense nisso antes de colocar o pé na água.

Um dos mais fortes valores da atual geração de indivíduos que são ou querem ser empreendedores é a grande importância que conferem ao impacto de seu trabalho sobre a família. Realmente, não há como fugir disso. As atividades do empreendedor roubam tempo da família. É preciso contar com o apoio da companheira — ou companheiro — e se dispor a abrir mão de uma parte do convívio. É impossível marcar hora para as emergências ou evitar suas conseqüências.

As vantagens, dependendo dos seus valores e necessidades, são ilimitadas, em termos de relacionamento, da alegria de enriquecer a vida de outras pessoas, de criar uma empresa de qualidade, seja grande ou pequena, e de ser o próprio patrão! O melhor a fazer é tratar a empresa como um filho querido e valorizar a relação com os empregados. O seu sucesso depende deles, e é mais seguro não esquecer isso, mesmo nos momentos de raiva e exas-

* Depois de cumprirmos a meta de nos tornarmos a joalheria com mais alto faturamento por metro quadrado daquele shopping, passamos a perseguir outra: ser a joalheria com maior volume de vendas do shopping.

peração. Não engane os funcionários nem os clientes, quaisquer que sejam as circunstâncias. São poucos os empreendedores que nunca enfrentaram tempos difíceis. O importante é pensar antes de agir, para não se arrepender.

GARIMPANDO DIAMANTES

- Use a abordagem do bloquinho de folhas amarelas, para dar início ao processo de tomada de decisões.
- Fale com pessoas por quem nutre respeito e vá anotando os prós e os contras.
- Converse com a família sobre as suas idéias e perceba que sentimentos despertam.
- Analise os componentes financeiros e emocionais da situação.
- Evite cenários muito cor-de-rosa.
- Imagine a pior situação possível, tanto financeira quanto emocionalmente.

Se a oportunidade não bate, faça uma porta.

Milton Berle, comediante e artista de televisão

Pequenas oportunidades são, com freqüência,
o início de grandes empreendimentos.

Demóstenes (384-322 a.C.), orador grego

As pessoas, em sua maioria, não reconhecem a oportunidade,
até que ela vai trabalhar para o concorrente.

P. L. Andarr

Nunca é tarde demais para ser o que se deve ser.

George Elliott (1819-1880), escritor

PARTE III – CONTRATAÇÃO

43
CONTRATAR BEM: COMO ESCOLHER BONS FUNCIONÁRIOS

Um lapidador, quando quer saber se tem diante de si uma pedra de superior qualidade, dá polimento em uma pequena janela na pedra bruta, de modo que se veja o que existe dentro. Conhecendo a qualidade do diamante bruto, ele determina o melhor corte, para maior valor econômico.

A contratação da pessoa certa é parecida com a lapidação do diamante. Você, com certeza, já ouviu falar em "diamante bruto". Um diamante inteiro, em estado bruto, não passa de uma pedra esbranquiçada, sem brilho. Por mais habilidoso que seja o lapidador, a pedra precisa ser de ótima qualidade, senão o resultado será um produto inferior.

Tal como é impossível transformar uma pedra ruim em um belíssimo diamante, não se pode fazer de um candidato inadequado um grande gerente de vendas, diretor de marketing ou o que for, por mais intenso que seja o treinamento.

Pense no processo de entrevista como o polimento de uma janela, para ver o que há dentro do diamante bruto. Para conseguir isso, estimule o candidato a falar de si, de suas habilidades, seus gostos e antipatias, sua abordagem para a solução de problemas, do motivo pelo qual deixou o último emprego, de seu jeito de lidar com mudanças e pressões e do modo como interage com as pessoas em diferentes situações.

É fácil falar em contratar bem. Aplicar à tarefa a combinação exata de ciência e arte é outra coisa. Contratar empregados — e quero dizer bons empregados — pode ser a missão mais difícil de cumprir. E talvez a mais importante. Larry Bossidy, ex-diretor da Allied Signal, disse: "Quem é bom no que faz contrata bem." Temo que o contrário também seja verdade. As suas escolhas podem enriquecer ou empobrecer a vida da empresa por algum tempo, e tudo começa na preparação para a entrevista inicial. Uma lista de perguntas bem focadas pode direcionar a entrevista, de modo que você possa desenvolver uma impressão bem fundamentada do candidato. Esperar simplesmente que o acaso envie o candidato perfeito ao seu escritório não é a tática mais inteligente.

A contratação da pessoa certa exige paciência, mas, se você souber quem e o que procura, a tarefa fica mais fácil, e a entrevista, mais proveitosa. Aprendi com os meus mentores a procurar sempre caráter, valores e habilidades pessoais. Contrate alguém que se adapte não somente ao cargo a ser exercido, mas também à cultura da empresa.

Ainda não nasceu o instrutor capaz de transformar material de má qualidade em sucesso. Nem o lapidador transforma qualquer pedra bruta no famoso diamante Hope! Embora a capacidade pessoal seja um ponto a favor, e todos apreciem o livre-pensador solitário como personagem de cinema, um indivíduo que não se entrose com os outros em um ambiente de grupo vai criar dores de cabeça desnecessárias. Não se esqueça de analisar adaptação e capacidade.

Quando o entrevistador está ansioso, é difícil disfarçar. No entanto, uma boa regra básica é deixar para o candidato 80% da conversa. Os bons repórteres afirmam que as pessoas se revelam mais quando as perguntas admitem várias respostas, o que lhes permite falar livremente e opinar sobre muitos tópicos. Por exemplo: para saber das habilidades pessoais de um candidato, peça a ele que descreva em detalhes como administrou um conflito no escritório ou qualquer outro problema.

Quando se deixa o candidato livre para falar, ele pode fornecer voluntariamente informações cuja solicitação seria ilegal. Passe em revista a sua lista de perguntas, para ter a certeza de que estão de acordo com a lei. Quando quiser saber algo específico, tal como pretensão salarial ou disponibilidade para assumir o cargo, faça perguntas direcionadas — aquelas que podem ser respondidas com "sim" ou "não" ou com uma afirmação simples. Esclareça quais são as suas expectativas em relação ao candidato e pergunte o que ele espera de você.

Convoque outros entrevistadores, para poder contar com várias opiniões. Talvez alguém perceba algo que você não percebeu. Divida as entrevistas por vários dias. Entrevistados e entrevistadores têm bons e maus dias. Se possível, convide o candidato a percorrer as dependências da empresa, para que vocês se conheçam melhor e ele se familiarize com o trabalho e a cultura. Não se apresse nem ceda a pressões. Se o candidato estiver ansioso pela resposta e disser que tem outra oferta, deixe que ele se vá. É melhor do que tomar uma decisão sem informações suficientes. A regra mais importante deste jogo é "sem surpresas", tanto para você quanto para o candidato ao emprego.

Verifique sempre as referências. Outra regra básica é: um alto cargo merece a checagem de dez referências. Um meio simples de fazer isso é entrar em contato com as pessoas cujos nomes foram fornecidos e pedir a elas novas referências, em especial de colegas, clientes e outros profissionais que conheçam a reputação do candidato. Um método que costuma funcionar muito bem é deixar que a pessoa discorra sobre as qualidades do candidato e, então, dizer: "Bem, mas todos nós temos nossas fraquezas. Quais são as dele?" Para checar antecedentes criminais e a situação do crédito, é preciso uma autorização assinada pelo candidato. Existem empresas especializadas nesse serviço. Se a função pretendida for realmente importante, vale a pena encontrar pessoalmente algumas das pessoas indicadas como referência, ainda que isso implique viajar.

O que você pretende é montar um painel realista do potencial e do desempenho anterior do candidato. Entrevista é mais arte do que ciência. Uma conversa amigável pode levar o entrevistado a revelar traços da personalidade, interesses e habilidades. Como contratamos pessoas para executar tarefas de que gostam e que fazem bem, direcione as perguntas de forma que as respostas apontem qualidades, paixões e sucessos, compondo a auto-imagem do candidato. Outra sugestão é não perguntar sobre situações hipotéticas. Pergunte apenas sobre situações reais, como: "Qual foi o problema mais grave que enfrentou (com funcionários, vendas, o chefe, etc.) e como o resolveu?

Prepare com antecedência uma lista de perguntas que lhe permitam conhecer o candidato. Aqui estão alguns exemplos, muitos deles generosamente cedidos por empresários com quem tive contato no decorrer da vida. São bons inícios de conversa, e talvez lhe forneçam pistas sobre o que você quer saber. (Lembre-se de verificar se estão de acordo com a lei.)

- Em alguns minutos, fale de você: sua formação, experiência em negócios e responsabilidade assumida em outros empregos.
- Que matérias você mais gostava de estudar?
- Na escola, de que mais gostava? Que professores preferia? Por quê?
- Por que deixou/quer deixar o emprego?
- O que fazia no emprego anterior? Quais eram as suas responsabilidades?
- Do que mais gostava no seu último emprego? Do que menos gostava?
- Entre os empregos que teve, de qual gostou mais? Por quê?
- Se eu entrar em contato com os seus patrões anteriores, o que vão me dizer de você?
- Afora o cargo para o qual se candidatou, que tipo de colocação mais lhe interessa?

- Quais são as suas melhores qualidades?
- Quais são os seus principais pontos fortes? E os pontos fracos?
- Qual é a sua meta para os próximos cinco anos?
- Por que se interessa em trabalhar para nós?
- Por que se considera um bom vendedor (executivo, líder, etc.)?
- Você se considera uma pessoa competitiva? Por quê?
- No seu último trabalho de vendas, como se saiu em relação aos outros vendedores? Por quê?
- Você se acha uma pessoa agressiva? Por quê? Por que não?
- Uma das exigências da função é trabalhar quatro ou cinco noites por semana. Como encara esse fato?
- Como se sente em relação à possibilidade de uma transferência de setor? Isso lhe criaria problemas?
- Se tivesse havido a possibilidade de fazer uma sugestão à equipe de gerenciamento do seu emprego anterior, qual seria?
- Descreva o melhor chefe que já teve.
- Descreva o pior chefe que já teve.
- Qual a sua realização que lhe dá mais orgulho?
- O que mais lhe causa desconforto?
- As pessoas têm motivações diferentes para trabalhar. Qual é a sua?
- Se tivesse de escolher uma nova carreira, qual seria?
- Use três adjetivos para se descrever.
- Como os seus subordinados o descreveriam?
- Quando acredita que vai alcançar o máximo da carreira? Qual é a sua definição de sucesso?
- Sob que condições você acha que aprende melhor?
- Descreva uma situação desagradável e estressante passada no ambiente de trabalho. Como lidou com ela?
- Todos cometemos erros. Fale sobre o seu pior erro. O que aprendeu com ele?

- Ao aceitar o cargo, que necessidades espera atender?
- O que mais devo saber sobre você e a sua qualificação? Quer me contar mais alguma coisa?
- O que mais deseja saber sobre o cargo?
- Por que acha que devemos decidir pela sua contratação?
- Quais são as suas expectativas em relação à empresa? E em relação a mim?

Lembre-se de fazer perguntas complementares. Se, por exemplo, o candidato descrever seu professor favorito, pergunte o porquê do bom relacionamento entre os dois.

O uso dessas perguntas e de seus desdobramentos naturais pode tornar até divertida a entrevista. Nunca é demais aperfeiçoar a sua habilidade de obter respostas úteis. Os dividendos da contratação da pessoa certa para o cargo valem o esforço investido no processo.

GARIMPANDO DIAMANTES

- Primeiro, procure observar caráter, valores, habilidades pessoais e adequação cultural.
- Faça perguntas que permitam várias respostas. Assim, o candidato vai revelar informações mais úteis sobre si mesmo.
- Não se deixe pressionar, ou talvez tome uma decisão precipitada, com base em informações insuficientes.
- Convoque outras pessoas para entrevistar o candidato e verifique a maior quantidade possível de referências. Peça novas referências às pessoas indicadas como referência.
- Não faça perguntas hipotéticas; apenas relativas a casos da vida real.
- O *headhunter*, que só vai receber pelo serviço se o candidato indicado por ele for contratado, não deve ser o único a checar as referências. Se Larry Bossidy, diretor da Allied Signal (que hoje, depois de uma fusão, faz parte da Honeywell Corporation), considerou importante verificar

pessoalmente dezenas de referências, você pode fazer o mesmo.

- Uma porcentagem de 80 a 90% do sucesso depende da contratação de gente com bom potencial. Não se cria o diamante Hope com uma pedra de má qualidade.

A maior ajuda que você pode prestar aos concorrentes é contratar mal.

Bill Gates, co-fundador da Microsoft

Para o sucesso do empregado, lealdade e integridade são tão importantes quanto a capacidade.

Harry F. Banks, autor

Nunca contrate um funcionário que saiba menos do que você sobre aquilo para que foi contratado.

Malcolm Forbes (1919-1990), editor norte-americano

44
Preencher o cargo com pessoal de dentro ou de fora da empresa?

Depois da decisão especialmente difícil de preterir funcionários eficientes e antigos da Helzberg, contratamos um executivo para assumir o cargo de vice-presidente comercial. O tempo provou que foi uma decisão acertada.

Mais tarde, um funcionário antigo que tinha se candidatado ao cargo se disse convencido do acerto da contratação de alguém com mais capacidade. Segundo afirmou, ele não faria tanto pela empresa como fez o vice-presidente. Os bons merecem o crédito por saberem o que será melhor a longo prazo.

O que é melhor: contratar pessoal de fora ou de dentro da empresa? Infelizmente, essa é uma pergunta sem resposta. Tudo depende das suas necessidades no momento. Como tomar uma decisão tão importante para o bem da empresa? Com muito cuidado.

Ao promover pessoal interno, você recompensa os funcionários de melhor desempenho que ajudaram a construir a empresa. Isso reforça a cultura existente e mostra que existem oportunidades para os mais talentosos subirem na carreira. No entanto, há uma pergunta difícil a fazer: Atualmente, há algum funcionário capaz e pronto para ser promovido ao cargo em questão?

Por outro lado, contrate pessoal de fora e possivelmente verá uma onda de idéias e técnicas novas fluir para dentro da empresa. A novidade pode representar outros relacionamentos profissionais e uma perspectiva diferente para os negócios. Isso é energizante. Na Helzberg Diamonds, quando funcionários contratados trouxeram experiências diversificadas, a empresa se beneficiou. A introdução de novas idéias contribui para o crescimento e aperfeiçoamento dos funcionários antigos. É bom não esquecer, porém, que contratar pessoal de fora significa preterir funcionários que, por estarem na empresa há anos, podem se sentir magoados ou mesmo ofendidos pela sua decisão. Entretanto, se os talentosos gerentes recém-chegados fizerem os negócios crescerem, todos vão ficar muito satisfeitos — em especial se receber uma parte dos lucros gerados.

Sejam quais forem as dificuldades, você vai precisar se decidir pela melhor solução, pois em situações cruciais (e, no atual clima competitivo do mundo dos negócios, elas sempre acontecem), se não contar com a pessoa certa no lugar certo, será um sinal de que negligenciou o dever e prejudicou a empresa.

Talvez você perca algumas noites de sono. Aconteceu comigo, e posso dizer que, quanto mais fortes os laços de amizade com os envolvidos, mais difícil decidir com objetividade. Exatamente por isso, eu diria que você não pode ser "amiguinho" dos empregados. É terrível tomar essas decisões pelo bem da empresa. Em uma palestra a que assisti, ouvi dizer: "Você não pode jogar golfe com eles no domingo e despedi-los na segunda-feira."

Garimpando diamantes

- Pessoas de valor existem dentro e fora da empresa. A combinação certa de promoções e contratações pode contribuir para criar a empresa dos seus sonhos — ou melhor.
- Não promova um funcionário simpático só porque gosta dele.
- Trate promoções e contratações com justiça e objetividade, utilizando apenas único parâmetro: O que é bom para a empresa?

Assim como você olha para as pessoas, olhe para dentro delas.

Lord Chesterfield (1694-1773), político inglês

45
Contratando o advogado, o contabilista ou outro profissional

Em 1970, eu negociava um contrato muito importante. Na verdade, tudo corria tão bem que a outra parte se sentiu à vontade para repetir o comentário de seu advogado: eu estava mal assessorado.

Como havia contratado os serviços de um famoso escritório de advocacia, acreditei contar com um profissional competente. Assim, não perguntei sobre o tipo de contrato nem pedi referências. E recebi exatamente o que mereci.

O que aprendi? A responsabilidade pelo trabalho malfeito foi minha, não do advogado. Se eu precisasse de uma ponte de safena, insistiria em contar com o mais experiente cirurgião disponível, e não com um que fizesse uma cirurgia cardíaca por ano. Em algum momento da sua carreira, você vai precisar dos serviços de um bom profissional, seja ele qual for. Tenha o mesmo cuidado. Procure obter o máximo de informações sobre quem vai atender às suas necessidades. Informe-se sobre a experiência do profissional na área e verifique as referências fornecidas.

Seja para redigir um contrato simples ou para comprar um prédio, procure a orientação de um profissional talentoso e experiente, que saiba atravessar o campo minado, evitando assim gastos e problemas. Por isso a contratação de um profissional exige tanto cuidado quanto a contratação de um novo empregado. Se você se dispõe a pagar caro pelo conselho de um especialista, disponha-se também a conhecer melhor a pessoa que vai dar esse aconselhamento.

Grandes escritórios de advocacia, tal como grandes empresas de propaganda e contabilidade, entregam trabalhos que consideram rotineiros a profissionais menos experientes, para que se aperfeiçoem. O problema é que eles aprendem às suas custas.

Se o serviço de que você precisa é realmente simples, menos mal. Mas, se está negociando um contrato complicado que envolve tempo, dinheiro e trabalho árduo, melhor ter poder de fogo ou vai levar uma série de golpes.

Não se deixe intimidar por uma longa lista de sócios famosos nem por uma decoração imponente. Isso é só para impressionar. E não se abale com os nomes de clientes ilustres, a não ser que fale diretamente com eles. Cabe a você se certificar de contar com gente de talento. Quando você contrata um empregado, verifica as referências. Pois esse profissional também é um novo empregado.

GARIMPANDO DIAMANTES

- Não se impressione demais com os nomes dos donos ou dos clientes da firma.
- Certifique-se de que o profissional tenha experiência no tipo de serviço de que você necessita.
- Verifique pessoalmente as referências do profissional que vai cuidar das suas necessidades.

Se suspeitar de um homem, não o empregue.
E, se empregá-lo, não suspeite dele.

Provérbio chinês

46

Somando qualidades

A década de 1970 foi de intenso crescimento para a Helzberg. Eu tive a felicidade de identificar minhas maiores fraquezas e encontrei o parceiro perfeito. Juntou-se a nós um novo vice-presidente executivo, Martin Ross. Sua experiência era enorme. Trazia a bagagem perfeita e introduziu a elaboração de orçamento (de algum modo, tínhamos sobrevivido desde 1915 sem um orçamento formal) e o que os sofisticados gostam de chamar de controle.

Felizmente, não fui afetado pela síndrome do fundador — em grande parte porque não fundei a empresa e tive o exemplo do meu pai, que acreditava em delegar responsabilidades e sabia fazer isso. Então, deixávamos o caminho livre para a atuação dos nossos bons funcionários. Estávamos realmente focados em resultados. A luta pela sobrevivência nos direcionava mais para os efeitos do que para as causas. Como já se disse, nada concentra mais a mente de um homem do que saber que será executado na manhã seguinte. Era assim que eu me sentia.

A situação me ensinou a importância de conhecer meus pontos fortes e fracos, cercando-me de pessoas que os complementem. Tenho visto empresários caírem na armadilha de pensar que, para alcançar o sucesso nos negócios, precisam ser os melhores em praticamente tudo. Talvez esteja aí a razão de alguns não conseguirem delegar responsabilidades.

Por que alguém adotaria tais expectativas e práticas? Existe uma explicação simples: ego. Seja qual for a tarefa, esses líderes pensam que devem ser os melhores. E, às vezes, acreditam erroneamente que são mesmo. Essa perigosa condição é apropriadamente chamada de "síndrome do fundador".

O fundador de uma empresa tem um controle tremendo sobre o trabalho executado. No início, ele talvez esteja em posição de tomar todas as decisões e fazer tudo sozinho. À medida que a empresa cresce, porém, surgem desafios que exigem um nível mais elevado de habilidades específicas, além de provocarem restrições de tempo e mudança de prioridades.

Com o sucesso da empresa, é preciso contratar pessoal com determinados talentos e qualidades. A questão é decidir quais são eles. Em um mundo de tanta diversidade, em que cada indivíduo possui uma combinação única de pontos fortes e fracos, como identificar aqueles que melhor atendem às necessidades da empresa?

A resposta começa em você e tem a ver com o seu ego. Um requisito para o sucesso é o autoconhecimento. Quais são os seus

pontos fortes e pontos fracos? É uma avaliação difícil, mas vá sem medo e use de total honestidade. Somente se conhecendo, você será capaz de encontrar o parceiro ideal.

Caso já tenha formado uma equipe, o crescimento da empresa ou uma mudança de orientação obrigam a uma avaliação de pontos fortes e fracos no contexto do trabalho a ser feito. Assim, você estará em posição de contratar funcionários cujas habilidades, qualidades e fraquezas complementem ou superem as suas ou as da equipe.

Eventualmente, vai aparecer um candidato que represente uma oportunidade especial. Quando isso acontecer, pare. Respire fundo. Não veja a pessoa como uma ameaça. Controle o seu ego. Em vez de ser "pau para toda obra" — e não ser um mestre em coisa alguma — por que não agir como um chefe de cozinha que sente prazer em selecionar os ingredientes certos para criar uma organização saborosa? Lembre que a sua prioridade é contratar pessoal com a combinação de habilidades e talentos que melhor sirva ao presente estágio e ao futuro desenvolvimento da empresa.

Não esqueça também que você não pode contratar funcionários de grande capacidade e ficar "em cima" deles. Os indivíduos mais talentosos fogem dos empresários controladores. Os melhores líderes abandonam o barco quando se sentem vigiados, manipulados e desacreditados. Eles precisam de autonomia. Dê a eles espaço para respirar.

Boa parte do sucesso nacional da Helzberg Diamonds se deve ao fato de termos contratado gente talentosa e inteligente e deixado o caminho livre. Warren Buffett ficou tão impressionado com aqueles líderes que, ao comprar a empresa em 1995, manteve todos em seus cargos. Foi emocionante ver a confiança de Buffett na organização que tínhamos construído.

Quando você impede o ego de entrar em cena, fica em melhor posição para avaliar com imparcialidade o futuro dos seus negócios e responder à pergunta: "O que é melhor para a empresa?" Assim, aceita os próprios limites e se alegra ao ver que indivíduos talentosos podem levá-la muito mais longe do que você conseguiria. Ironicamente, o gerenciamento altruísta pode ser a sua maior força.

GARIMPANDO DIAMANTES

- Administradores altruístas não apenas reconhecem as próprias fraquezas, como não têm medo de contratar pessoas cujas qualidades superam as suas.
- Pense na possibilidade de se considerar um chefe de cozinha que seleciona os melhores ingredientes para fazer uma organização saborosa.
- Contrate gente talentosa e deixe o caminho livre.
- Se você sempre interfere e não consegue deixar que outros "dirijam a canoa" nas áreas sobre as quais têm responsabilidade, não contrate líderes fortes.

O fato de estar cercado de anões não faz de você um gigante.

Ditado popular iídiche

47
Relacionamento profissional com amigos e parentes

Meu pai nos ensinou a não tentar vender para amigos e parentes. Sempre que segui esse conselho, economizei um bocado de tempo; mas, sempre que o desobedeci, desperdicei o meu e o tempo do empregado que me ajudou, além de ganhar pouquíssimo dinheiro.

Eu me sentia muito bem ao evitar aquela atividade nada produtiva. Além do mais, descobri que fazer qualquer tipo de negócio com amigos ou parentes pode ser complicado, arruinar o relacionamento e provocar desapontamento em ambas as partes. Essa é uma opinião pessoal que, no entanto, acredito que devo compartilhar com o leitor.

Quando infringir essa regra — e isso inevitavelmente vai acontecer —, vá com muito cuidado, para preservar o relacionamento.

Essa máxima se baseia em meu treinamento e experiência. Alguns setores, como o de seguros, com certeza pregam o contrário, e muitos negócios têm sido feitos entre conhecidos. Para nós, foi bom operar com a abordagem oposta. A mistura de negócios com relações pessoais pode ser difícil, embaraçosa e confusa e, às vezes, acarreta danos permanentes à estrutura da amizade.

"Você é meu primo ou meu sócio?" Essa pergunta que não chega a ser feita pode confundir. Para mim, quanto mais separados estiverem os negócios e a vida pessoal, melhor. Isso não significa se recusar a servir o parente ou amigo que procurar a sua empresa. Mas não force a situação, a menos que faça parte do andamento natural dos negócios.

E quanto à contratação de amigos e parentes? Se for por caridade, não faça. Ajude a pessoa de outro modo, mas não destrua a cultura e a concepção da empresa, oferecendo um emprego e pagando um salário totalmente desproporcional ao trabalho executado.

E no caso de um amigo ou parente talentoso querer fazer parte da organização? Não existe solução infalível. Pode se tratar de uma grande aquisição. Tenha uma conversa franca com a pessoa. Explique as regras básicas e a necessidade de cumprir ainda mais estritamente os regulamentos. Lembre-se de combinar com antecedência o que vai acontecer, se as coisas não derem certo. Resolver isso na hora da demissão seria muito mais difícil. Deixe tudo por escrito. Saiba que, por mais amigável que seja o "divórcio", pode afetar o relacionamento, não só com a pessoa diretamente envolvida, como com outros familiares. Antes de contratar, é melhor conversar com a sua mulher — ou o seu marido — explorando todas as possibilidades. Veja se vale a pena arriscar.

Negócios em família são complicados e precisam de cuidado na travessia de campos minados que, inevitavelmente, se criam.

GARIMPANDO DIAMANTES

- Esteja alerta aos perigos de misturar amizade e negócios. Às vezes, as coisas se confundem e prejudicam os dois aspectos.
- Quando misturar amizade e negócios, vá devagar e com cuidado.
- Se for mais prático e conveniente, peça a um empregado que conduza as negociações.
- Admita apenas a contratação de amigos ou parentes que representem uma grande aquisição para a empresa. Separe completamente caridade e negócios. Se quiser ajudar alguém, faça isso fora da empresa.

- Discuta exaustivamente todas as possibilidades com o parente ou amigo. Converse em detalhes sobre "e se não der certo". Lembre-se de ouvir a opinião da sua mulher — ou do seu marido.
- Saiba que, apesar da discussão de todas as possibilidades e do acordo em preservar a amizade, se alguma coisa não der certo, o relacionamento vai mudar. Prepare-se e prepare todos os envolvidos.
- Analise cuidadosamente a taxa de risco-recompensa no caso da contratação de um amigo ou parente.

Uma amizade baseada em negócios é melhor
do que um negócio baseado em amizade.

John D. Rockefeller, homem de negócios

PARTE IV – INSPIRAÇÃO

48
RECONHECENDO UM BOM TRABALHO: COMO MOTIVAR OS EMPREGADOS

Na Helzberg Diamonds, sempre demos muita atenção ao pessoal da linha de frente. Todo mês, os 25 melhores vendedores recebiam um presentinho acompanhado de um bilhete escrito à mão por mim. Eu adorava escolher, comprar e enviar esses presentes, que chegavam às lojas pelo correio, para que todo mundo visse. Assim, aqueles funcionários não eram reconhecidos apenas pela empresa, mas também pelos colegas, o que os motivava a melhorar o desempenho. Embora alguns dos presentes fossem consumíveis e pudessem ser repartidos, como latas gigantes de pipoca, outros eram lembranças permanentes e personalizadas, como relógios ou chaveiros, que o funcionário podia mostrar a amigos e vizinhos.

Um bom relacionamento com a sua equipe permite que você descubra o melhor tipo de recompensa para reforçar um comportamento. Certa vez, escrevi à agência de correio (isso mesmo!) para comentar o excelente atendimento que recebi de um funcionário. Quando voltei lá, ele comentou, com lágrimas nos olhos, o quanto tinha ficado satisfeito. Disse que meu elogio tinha sido um verdadeiro alimento para sua alma. Por que guardar para si uma coisa boa que você tem a dizer?

Tapinhas nas costas e saudações rotineiras nada significam e podem mesmo ofender uma pessoa inteligente. Importantes são as atitudes específicas, tal como pegar um cartão elogioso recebido de um grande cliente e enviar para o funcionário mencionado, acompanhado de uma nota de agradecimento escrita à mão. Quando eu fazia isso, o cartão era afixado no quadro de avisos da loja, para que todos vissem. A estratégia inspirava comportamentos semelhantes? Você decide. Eu admito que adorava fazer isso, mas acreditava também estar promovendo um reforço positivo. E, quando os comentários eram negativos, procurávamos investigar.

Os bons professores, tal como os bons empresários e gerentes, compreendem o valor do reforço positivo para intensificar os comportamentos desejados. Quando criança, você provavelmente não sabia que o elogio feito pela professora fazia parte de uma técnica motivacional cientificamente provada, mas sentia seu efeito poderoso.

No mundo empresarial, o uso sincero do reforço positivo tem se mostrado eficaz. O reconhecimento de um bom trabalho evidencia a atitude e melhora a eficiência. O reforço positivo, para funcionar, deve vir logo e ser específico para o comportamento desejado. Não adianta dizer apenas "bom trabalho", pois, além de vago, o comentário não demonstra que você prestou atenção ao desempenho do empregado. Por outro lado, quando o elogio, além de inespecífico, é muito elaborado, perde a força e não transmite sinceridade. Ao contrário, uma frase do tipo "gostei do modo como você respondeu àquele cliente insatisfeito" reconhece um comportamento específico e motiva o empregado a continuar na mesma linha. A presteza do reforço também é importante. Se você esperar demais para expressar o seu reconhecimento, o comportamento que quer estimular talvez nem esteja mais ocorrendo.

Não subestime a força de uma nota pessoal de agradecimento. Nada contra bilhetinhos impressos, porém, quanto mais personalizados, melhor. Os poucos segundos necessários para escrever uma nota ou acrescentar algumas palavras a uma cartinha impressa representam uma prova de atenção — uma prova de que você reparou no trabalho bem-feito. Fico impressionado com a simplicidade e eficácia desta técnica e também com sua pouca utilização. No entanto, os livros estão cheios de histórias de grandes líderes e seus bilhetes escritos à mão, que muitas vezes são guardados para sempre por quem os recebe.

O dinheiro é um elemento motivador? De acordo com as pesquisas, a resposta é "às vezes". Tudo depende do empregado, das circunstâncias, da quantia e do valor atribuído ao dinheiro. Bônus financeiros podem ser oferecidos como recompensa quando adequadamente ligados às coisas certas. Ainda assim, o salário por si só nem sempre representa um forte motivador.

O dr. Frederick Herzberg, em seu clássico artigo publicado em 1968 pela *Harvard Business Review*, tratou do assunto. Segundo ele, quando o salário é satisfatório, não motiva mais do que um banheiro limpo. Assim, Herzberg afirma que dinheiro é simplesmente uma questão de "higiene". Mas, quando os empregados consideram injusto o salário que recebem, o dinheiro se torna um motivo de insatisfação.

A competição pode ser um elemento motivador. Ser o número 1 representa boa parte do conjunto, e as pessoas com atitudes positivas conseguem bons resultados. Lembro divertido a reação de um de nossos gerentes, ao receber seu bônus. Ele perguntou imediatamente: "É o maior de todos?" Alguns diretores poderiam considerar indelicada essa atitude. Eu o considerei um vencedor. Nós nos perguntamos: "O que ele preferiria — uma placa de primeiro lugar e mil dólares ou os 10 mil que recebeu?"

O reconhecimento demonstrado sinceramente é um poderoso motivador. Palavras de desaprovação batem forte e não são esquecidas facilmente. Muitos administradores acreditam que, para manter a equipe sob controle, devem elogiar com parcimônia. Alguns dizem mesmo que, para conseguir um bom desempenho dos funcionários, precisam ser "durões". Essas técnicas mal orientadas e antiquadas podem dar resultado por algum tempo, mas não se sustentam.

Pense bem. Quanto tempo duraria a sua motivação, se trabalhasse com um supervisor que jamais reconhecesse o seu bom desempenho ou, pior, vivesse constantemente à cata de um erro para recriminar? Infelizmente, esse tipo de chefe é muito comum. Quem sabe, não foi a convivência com um deles que lhe fez ter vontade de abrir um negócio próprio?

Os bons professores sabem, os bons pais sabem e as maiores organizações de vendas também. Procure se informar sobre o trabalho de Mary Kay Ash e Ewing Kauffman e sobre as empresas e os sucessos que construíram com base no reconhecimento. Você não precisa ser original. Só precisa fazer!

Garimpando diamantes

- A valorização reforça o comportamento. Estabeleça a ligação com o reconhecimento simbólico, material e verbal.
- O reconhecimento deve ser específico.
- Não esqueça o toque pessoal. Uma nota escrita à mão pode ser um poderoso motivador.
- Promova a competição. Encontre realizações para elogiar.

Quando o indivíduo tem roupa, casa e comida,
sua maior força motivadora é o reconhecimento.

E. M. Kauffman (1916-1993),
empresário da indústria farmacêutica

49
ESTIMULANDO GRANDES REALIZADORES

A clássica história do dr. Roger Bannister é o exemplo definitivo do estabelecimento de metas. Correr uma milha (1.609 metros) em quatro minutos era um feito considerado impossível para o corpo humano. Apesar de não haver uma regra a respeito, era crença geral de que faltava ao ser humano capacidade física para derrubar aquela barreira. Mas o dr. Bannister, um atleta excepcional, adotou e alcançou a meta. Um ano depois de Roger Bannister correr aquela milha milagrosa, 37 outros atletas conseguiram o mesmo — de certa feita, dois na mesma corrida!

As metas mudaram e as realizações também. Bastou um grande realizador mostrar que era possível e determinar um padrão para o sucesso, e milhares de jovens estudantes que praticavam a corrida se sentiram inspirados.

Certa vez, nosso gerente da joalheria do Greenspoint Mall, em Houston, Texas, perguntou se eu considerava realista a minha meta de dobrar o volume de vendas por loja. Respondi que, com certeza, não estava sendo realista e que ser realista não era minha função. (Nós dobramos, realmente, o volume de vendas, embora isso tenha demorado mais de cinco anos!)

O mundo está em constante mudança. Assim, o que é feito hoje pode não ser suficientemente bom amanhã. A Toyota chama isso de "melhoria contínua". Às vezes, os seus funcionários que são grandes realizadores estabelecem padrões muito acima daqueles determinados por você, derrubando velhos mitos no processo. As pessoas são a resposta a quase todos os desafios.

Imagine um evento esportivo em que nenhum dos times soubesse que tipo de jogada valeria ponto. Seria ridículo. Os jogadores percorreriam a quadra ou o campo a esmo. Não haveria placar, maneira de avaliar o resultado, nem comemoração pela vitória.

Nos negócios, é a mesma coisa. Padrões de desempenho bem definidos apontam as metas e servem como ponto de referência para avaliação. Somente assim, podemos saber aonde chegamos e quanto falta para alcançar o destino final.

Os padrões de desempenho são essenciais ao sucesso da empresa. Na Helzberg Diamonds, dávamos muita importância a eles. Descobrimos que, quando utilizados de maneira positiva, motivam os grandes realizadores a superar limites de sua capacidade. Certa vez, estabelecemos a meta de 1 milhão de dólares em vendas por loja. Ao vê-la alcançada, aumentamos para 2 milhões, é claro. Sem segredos. Tudo era comunicado exaustivamente. Deixamos de lado a competição por volume de vendas e passamos a competir com nossos próprios números, a cada ano.

Você adota os pontos de referência adequados? Se a sua empresa se compara a outras do setor e se dá por satisfeita, vem o marasmo. Quando a empresa se supera e lança a si mesma um desafio, buscando alcançar um nível superior, o crescimento é contínuo.

Essas são ilustrações do princípio do mínimo de satisfação e máximo de sucesso. Por mais importantes que sejam as realizações, a atitude do bom administrador é: "Estamos começando." A jornada nunca termina. Escolha os seus pontos de referência! Construa um nível único de sucesso na sua carreira e na sua empresa.

Os recordes individuais de vendas eram premiados com viagens à sede da empresa, festas na nossa casa e com as comemorações mais comoventes e divertidas que se possa imaginar. Alguns vendedores haviam alcançado a marca individual de 1 milhão em vendas! Para nós, foi um prazer recompensá-los, para mantê-los motivados. Eles estabeleceram padrões para toda a empresa.

As competições de vendas são como pirâmides, em que uns poucos ocupam a parte de cima. Os participantes sabem que a maioria vai ficar nas partes de baixo e se desinteressam. É importante ter muitos vencedores. Na IBM, os participantes das competições têm boas chances de ganhar — e sabem disso. Em vez de competir com os colegas, cada vendedor tem a própria meta, já que os territórios, as histórias, o tempo de serviço e os clientes são diferentes. Como os vendedores, em sua maioria, alcançam ou superam as metas individuais, os vencedores são muitos. Claro que é mais complicado estabelecer padrões em áreas em que os números não contam toda a história. Às vezes, há necessidade de aliar a coleta de dados a uma avaliação subjetiva.

Quem é bom quer ser reconhecido. Os bons não querem receber brindes. Eles se ressentem quando as recompensas são distribuídas ao acaso, sem ligação com as realizações alcançadas. Os empregados devem se sentir à vontade, capacitados e estimulados a conquistar dinheiro, aplausos e prêmios. Os padrões devem ser elevados, justos e aplicados igualmente a todos, de modo que os resultados sejam significativos.

Repare que o título deste capítulo é "Estimulando grandes realizadores". Você deve trabalhar o que as pessoas têm, e não o que elas não têm. Essas técnicas não transformam pessoas desmotivadas em motivadas. Nem todo mundo se sente energizado por altos padrões. Há quem tente escapar, fazendo apenas o mínimo. Você não pode mudar isso; portanto, concentre-se nos grandes realizadores. São eles que fazem o sucesso da empresa.

GARIMPANDO DIAMANTES

- Estabeleça padrões elevados e alcançáveis.
- Comemore as vitórias dos seus empregados.
- Crie várias maneiras de estimular os vencedores a se superar.
- Uma alta porcentagem dos seus empregados deve se revelar vencedora. Desenvolva um sistema de recompensas que se adapte a esse fato.

Aponte para cima! Acertar as plumas de uma águia
não é mais difícil do que acertar o pêlo de um gambá.

Troy Moore

Se você não acredita em milagres, não é uma pessoa realista.

David Bem-Gurion (1886-1973), o primeiro a exercer o cargo de primeiro-ministro de Israel

50

DEIXANDO O ACAMPAMENTO MELHOR DO QUE ERA QUANDO VOCÊ CHEGOU

Aos 12 anos, fui para o Camp Nebagmon, em Wisconsin. Lá, aprendi com o querido e já falecido diretor do acampamento, "Muggs" Lorber: "Sempre deixe o acampamento melhor do que era quando você chegou." Todos os jovens pensavam que ele se referia à arrumação. Assim, recolhíamos cuidadosamente o lixo e apagávamos a fogueira, deixando a área em ótimas condições para quem viesse em seguida. Somente 40 anos mais tarde, descobri que ele queria dizer muito mais. Muggs nos dizia que devíamos melhorar o que quer que tocássemos no decorrer da vida.

É difícil encontrar uma situação a que esta máxima não se aplique. Pode ser transferida para qualquer coisa que você faça, e o resultado final é seu — a satisfação de saber que deixou o .... (complete os pontinhos) melhor do que encontrou.

De certo modo, Warren Buffett deu um bom exemplo ao mundo corporativo, ao provar que o comportamento de uma empresa pode ser examinado minuciosamente e considerado motivo de orgulho. O acampamento da Berkshire e os acampamentos das empresas sobre as quais ele exerce algum tipo de controle comprovam isso. Sua conduta é exemplar, como se pode ver por seu salário de 100 mil dólares, pelo fato de não possuir opções de compra de ações, por instar as empresas a levar as opções de compra de ações à conta de lucros e perdas ou por seu plano especial, que permite aos acionistas enviar seu rateio de ações de contribuições corporativas para a instituição de caridade escolhida por eles. A empresa faz o orçamento, e o acionista decide. Sua atitude deve abrir caminho para uma conduta mais responsável por parte de outros CEOs e elevar as expectativas dos acionistas, ao contrário do que fizeram as Enrons, Tycos, Arthur Andersens e outros ocupantes do panorama empresarial.

Tanto na vida pessoal quanto na vida profissional você encontra oportunidades ilimitadas de melhorar o seu acampamento, inclusive aumentando os benefícios concedidos aos empregados e tratando-os como recursos valiosos — o que são — e não como um grupo a quem pretende pagar o mínimo possível. Aí se incluem recompensas não financeiras que se evidenciam no tratamento adequado dispensado às pessoas.

Deixar uma empresa melhor do que era quando a encontrou é um modo de fazer o sistema funcionar e gerar mais empregos, mais expansão, mais companhias lucrativas e mais bônus para um número maior de indivíduos. Isso representa muito mais do que satisfazer a ganância; é ajudar a construir o país. Além do mais, quando você ajuda uma geração, a geração seguinte parte de um ponto mais alto na escada, seja em termos de formação, renda ou simplesmente prazer de viver.

Obrigado, Muggs, por uma grande inspiração que me orientou pela vida afora.

GARIMPANDO DIAMANTES

- Deixe sempre o acampamento melhor do que era quando você chegou lá.
- Cada ano, cada mês, cada dia é uma nova oportunidade.
- Quando você ajuda uma geração, está ajudando as gerações futuras e sua descendência.

SUCESSO

Rir muito e freqüentemente,
conseguir o respeito de pessoas inteligentes e o afeto das crianças,
conquistar a admiração de críticos honestos e suportar a traição de falsos amigos,
descobrir o que os outros têm de bom,
deixar o mundo um pouco melhor,
contribuir para elevar a condição social de alguém,
saber que pelo menos uma vida ficou mais fácil porque você passou por este mundo.
Isso é sucesso.

Ralph Waldo Emerson (1803-1882), autor, poeta, filósofo

51

Autonomia

Quando meu irmão Charles estava lá pelos 23 anos, meu pai entregou a ele a responsabilidade sobre o merchandising dos relógios Longines. Charles disse que se achava jovem e inexperiente demais para a função. Impassível, papai respondeu que, em cinco anos, Charles ainda seria jovem e inexperiente. Portanto, devia assumir a responsabilidade imediatamente e fazer as coisas como julgasse conveniente. Charles seguiu o conselho de papai, fez um ótimo trabalho e se sentiu seguro para aceitar outras tarefas sem hesitação.

Muitas das práticas adotadas por meu pai são comuns a indivíduos bem-sucedidos; mas não essa. Seu conceito em relação ao que fazer quando você tem uma idéia e o responsável pela execução pensa de modo diferente, não é nada usual. Segundo ele, você deve deixar que o outro faça do jeito dele, ainda que considere a sua idéia melhor.

Isso tem a ver com a estratégia de permitir aos funcionários escolherem como aplicar as soluções. Papai sabia que a execução é muito mais importante do que a idéia, e seu jeito de garantir que o projeto fosse bem executado era confiar nos outros. Motivação e execução têm muito a ganhar quando o indivíduo põe em prática as próprias idéias. Esse conceito de autonomia tem o poder de acender a centelha em seus funcionários, de resultar em uma tarefa mais bem executada do que se poderia esperar e de recompensá-los com a alegria do trabalho bem-feito. Mas talvez seja difícil para o empresário.

A autonomia psicológica, por si só, é capaz de despertar entusiasmo e qualidades de liderança. Ela aponta futuros líderes. Esse conceito diz: "Confio em você. Acredito em você." É um fator de motivação poderosíssimo.

A autonomia é a chave do sucesso. Experimente. Não custa tentar.

GARIMPANDO DIAMANTES

- Conceda autonomia e melhore o desempenho.
- Deixe que façam ao modo deles.

Trabalho é amor visível.

O Profeta, Gibran

Quando um homem decide fazer alguma coisa, deve ir até o fim,
deve assumir a responsabilidade. Primeiro, ele precisa saber por que
age de determinada maneira, para em seguida ir em frente,
sem dúvidas ou remorso.

Carlos Castañeda (1925-1998), autor

52
DA HUMILDADE E DA ARROGÂNCIA

Já me disseram que sou humilde. Isso sempre me lembra de Clement Attlee, político inglês, referindo-se a seu antecessor no cargo de primeiro-ministro, Winston Churchill: "Ele é um homem humilde e tem muitos motivos para isso."

É importantíssimo que os outros sejam as estrelas do espetáculo, e não você. Aí se incluem sutilezas, como ir ao escritório de um subordinado, em vez de convidá-lo ao seu. Ou nunca atender o telefone quando estiver com empregados no seu escritório, a não ser em caso de extrema necessidade. (Interromper a conversa para atender significa que você é importante e eles não — tanto assim que pode desperdiçar o tempo deles.) Incluem-se também as usuais cortesias que você pratica nos seus encontros com os amigos.

Os benefícios de deixar o ego de lado são virtualmente ilimitados e possibilitam a emoção de ajudar outras pessoas a se desenvolverem de belas maneiras. Talvez por sorte, minha falta de autoconfiança não me deixou acreditar ser responsável pelas coisas boas que aconteceram à nossa empresa. Analisando realisticamente, vi que minha contribuição foi selecionar ótimos colegas de trabalho, oferecer orientação clara e simples, não atrapalhar e ter uma sorte extraordinária.

Qualquer avaliação honesta e cuidadosa do progresso da Helzberg Diamonds no decorrer dos anos deixaria isso claro. O sucesso se deveu aos executivos, gerentes e funcionários. Assim, não desenvolvi arrogância ou excesso de confiança, pois tinha certeza de que muito pouco do sucesso da Helzberg Diamonds se devia a mim. Minha "humildade" não passava do reconhecimento sincero do que havia gerado nosso sucesso.

No dia em que você acreditar na sua influência, provavelmente começará a escorregar ladeira abaixo! O ego pode ser algo altamente produtivo, desde que você mantenha pressionado o botão que o desliga. Assim, economizará tempo e aumentará em muito a produtividade daqueles que trabalham em contato com você.

A arrogância atrapalha a produtividade, pois o arrogante tende a não ouvir e, com isso, deixa de aprender. Indivíduos arrogantes são um tremendo elemento desmotivador para os que trabalham com eles, pois impedem a real comunicação.

As pessoas, em sua maioria, pouco sabem do mundo, embora conheçam profundamente uma parte dele. Portanto, ninguém tem o direito de ser arrogante. Mantenha isso em mente, por mais sucesso que alcance. Saiba que talvez o sucesso tenha ocorrido, apesar das tolices cometidas por você (como foi o meu caso), por causa das atitudes inteligentes de outras pessoas e devido a uma sorte muito boa!

GARIMPANDO DIAMANTES

- A arrogância é contraproducente. Evite-a.
- Além de contar com empregados e profissionais excelentes, sei que nosso sucesso veio de outras fontes sobre as quais não tenho controle:
    - Boa fase da economia durante a maior parte do período em que estive na direção.
    - Sérios erros e problemas financeiros dos concorrentes.

- ◊ Crescimento da população em idade de comprar jóias de diamantes.
- ◊ Pura sorte!

Aquele que busca a atenção dos outros ainda não se encontrou.

Rav Shlomo Wolbe, rabino israelita

O homem orgulhoso conta as vezes em que foi citado na mídia.
O homem humilde conta as bênçãos recebidas.

Bishop Fulton J. Sheen (1895-1979), autor, palestrante, escritor

53

QUANDO A MÁ NOTÍCIA É UMA BOA NOTÍCIA

Em 1965, recebemos uma carta da Kmart Corporation, avisando que nossos contratos de aluguel com as lojas Kmarts, nas quais vínhamos operando no departamento de jóias, seriam cancelados. De início ficamos aborrecidíssimos, mas então nos reunimos e chegamos à conclusão de que nosso futuro estava em aluguéis a longo prazo em shopping centers, e não em períodos canceláveis de 30 dias em lojas de descontos.

Na verdade, o pessoal da Kmart foi mais generoso do que constava no contrato e nos deu vários meses para preparar a retirada. Quando pedimos isenção do pagamento do aluguel de dezembro, recebemos resposta positiva, embora os locadores não tivessem obrigação de fazer isso. Nunca deixarei de ser grato pelo tratamento que recebi naquele momento difícil.

Assim, fechamos 24 pontos-de-venda em lojas de departamentos e encerramos 14 das 15 lojas Helzberg existentes, transferindo-as, quando possível, para shoppings. Ao transferir ou fechar 38 de 39 locais, reinventamos a empresa. Obrigado, Kmart, por aquela carta! Ela foi o primeiro passo para a transformação de um empreendimento que lutava para sobreviver, em um verdadeiro sucesso.

Aconteça o que acontecer, descubra por que alguém "chutou você para o alto" (outra das expressões de papai), pense na situação por um ângulo positivo e vá em frente!

Essa abordagem transforma notícias ruins em notícias boas. Freqüentemente digo para mim mesmo: "Ainda bem que tenho diabetes; assim, não posso pesar 250 quilos e sou obrigado a me manter em forma!"

GARIMPANDO DIAMANTES

- Más notícias são boas notícias! Como? Descubra e vá em frente!

Fomos chutados para cima.

B. C. Helzberg

Um problema é uma oportunidade para você dar o melhor de si.

Duke Ellington (1899-1974), compositor, *band leader,* pianista

54
Expectativas

Chamei o gerente e falei da minha satisfação com o desempenho de uma determinada vendedora.

— O que aconteceu? — perguntei.

Afinal, fazia vários meses que ela ficava abaixo do esperado. A resposta dele foi:

— Eu disse a ela que precisa vender uma média de 60 dólares por hora, para fazer jus ao salário que recebe.

Admito que fiquei um tanto surpreso, porque pensei que fosse procedimento-padrão informar os vendedores sobre a quantia mínima de vendas correspondente ao salário que recebem. Foi bom que acontecesse.

Muitas vezes me pego pensando em quantos problemas no mundo deixariam de existir se houvesse clareza quanto às expectativas. Por isso, esta passou a ser minha fala preferida: "Expectativas claras desintoxicam uma situação potencialmente perigosa antes que o desastre se anuncie." No entanto, raramente comparamos as nossas expectativas às das pessoas com quem trabalhamos ou estamos casados.

Perguntar aos candidatos a emprego, logo na primeira entrevista, sobre suas expectativas e discorrer sobre as da empresa é uma estratégia que pode poupar muitos aborrecimentos — às vezes evitando a contratação da pessoa errada e, se for o caso, mostrando ao candidato que aquela empresa não é o lugar para ele.

Uma providência extremamente útil é a organização, antes da entrevista, de uma lista de expectativas. Isso vai obrigar você a pensar melhor no assunto. As constantes mudanças e a conseqüente possibilidade de alteração nas expectativas devem ser mencionadas durante a primeira entrevista, de modo que você nunca venha a ouvir "mas, quando me contrataram, ninguém me disse que teria de fazer isso". Não tente tornar o cargo mais atraente; se houver alguma diferença, "pinte" a situação pior do que realmente é.

Igualmente importante é ouvir as expectativas do entrevistado. Se a sua antena estiver funcionando bem, você vai captar a mensagem. Ouvir com muita atenção é uma atitude importantíssima para a tomada de decisões. Qual o principal interesse do candidato: dinheiro e benefícios ou o emprego em si?

Outra boa idéia é anotar as expectativas de entrevistador e entrevistado e incluí-las na ficha de contratação. Isso pode ser útil no futuro, em especial no caso de alterações nas expectativas.

Faça da palavra expectativa parte regular do seu vocabulário e da sua agenda. Os efeitos serão muito positivos!

GARIMPANDO DIAMANTES

- Discuta em detalhes as suas expectativas.
- Compreenda as potenciais expectativas do empregado.
- Para evitar surpresas, comunique claramente as suas expectativas.

O mestre diz o que espera de você.
O professor desperta as suas expectativas.

Patricia Neal, atriz

55

CONSEQÜÊNCIAS IMPREVISTAS

Um exemplo de gerenciamento de crise foi a atitude da Johnson & Johnson no caso da adulteração do tylenol, *em Chicago. Alguém violou e envenenou o remédio exposto na prateleira de uma loja, causando mortes e intoxicações. A J & J recolheu o remédio em todo o território dos Estados Unidos.*

Claro que a equipe de gerenciamento da empresa levou em consideração as conseqüências imprevistas quando, em vez de recolher o tylenol *apenas das farmácias de Chicago — onde aconteceu o envenenamento — recolheu o medicamento dos pontos-de-venda de todo o país. O raciocínio foi que os mesmos culpados poderiam repetir o feito ou ser imitados por outros criminosos. Assim, com a decisão certa tomada no momento certo, foi salvo o nome da marca. O produto retornou ao comércio em uma embalagem inviolável.*

O crime teve outras conseqüências imprevistas, já que houve alteração nas embalagens de várias linhas de produtos. Todas foram mudadas para formatos invioláveis, o que acarretou custos extras.

Tínhamos decidido direcionar o futuro da Helzberg para os diamantes, descontinuando a comercialização de outros produtos que não as jóias. Depois de um breve período de tempo, interrompemos as inúmeras linhas de mercadorias, como louças, cristais, prataria, malas e rádios. Como os gerentes recebiam bônus sobre o lucro, explicamos que, provavelmente, o volume de negócios seria

> *menor, mas seus ganhos aumentariam.*

Estávamos errados. Tanto o volume de vendas quanto o lucro aumentaram. Foi então que descobrimos: menos é mais. A ótima conseqüência imprevista da não-comercialização de outras linhas de produtos foi o aumento das vendas, colocando-nos a caminho de um futuro melhor.

> *Eu me lembro do caso, acontecido muitos anos atrás, da demissão de um executivo que tinha a fama de ser cruel com os funcionários. Em vez de alívio pela saída do chefe, eles se sentiram inseguros, pois concluíram que seus empregos também não estavam garantidos — uma conseqüência imprevista.*

Os casos de conseqüências imprevistas são, em sua maioria, histórias de horror. O empreendedor bem-sucedido deve pensar nelas antes de agir. Isso tem de ser para ele uma segunda natureza. Depois de assistir a um seminário na Menninger Foundation, um dos nossos executivos sempre repetia um mantra: "Quando você liga um botão, os outros ligam automaticamente."

Mesmo as situações positivas, como um aumento de salário, podem ter conseqüências imprevistas, como comentários do tipo "pensei que fosse ganhar mais" ou a insatisfação dos que não receberam o mesmo benefício. Nunca suponha que uma ação não terá conseqüências.

No caso de uma mudança de orientação, não é preciso pensar nas conseqüências imprevistas, embora elas às vezes aconteçam, mas se preparar para o que vier, ou melhor, aplicar um antídoto preventivo, se possível. As conseqüências não devem pegar você de surpresa. Para atenuar seu efeito, refira-se ao fato de que "não haverá mais demissões" ou qualquer que seja a situação. Mas fale a verdade ou perderá toda a credibilidade.

GARIMPANDO DIAMANTES

- Antes de agir, pense sempre nas conseqüências.
- Quando você liga um botão, quais são os outros que podem ser ligados?
- Às vezes, as conseqüências imprevistas podem ser atenuadas ou evitadas se você vacinar os envolvidos contra boatos ou algum outro problema.
- Sempre que possível, proatividade é melhor do que reatividade.

O que prevemos raramente ocorre; o que menos esperamos geralmente acontece.

Benjamin Disraeli (1804-1881), romancista e primeiro-ministro britânico

56

Buscando a resposta

Anos atrás, nosso amigo Ted sofria de uma resistente infecção na pele. Nada parecia lhe trazer alívio. Frustrado, seu médico levou o problema a um grupo que se reunia semanalmente no Massachusetts General Hospital para discutir casos.

Um dos participantes do grupo era um nefrologista pediátrico, um médico especializado em doenças do rim em crianças. Ao conhecer os sintomas de Ted, ele aconselhou o uso de um sabonete especial, Hibiclens. Como nada tinha a perder, a não ser o desconforto, Ted passou a usar o sabonete para tomar banho e lavar as mãos.

Tão misteriosamente como tinham aparecido, os sintomas desapareceram. Em poucos anos, Ted não precisava mais do tal sabonete e, há mais de 15 anos, está livre de infecções na pele.

Ted já havia consultado vários dermatologistas. No entanto, a resposta veio de onde não se esperava. Ele jamais pensaria em procurar um nefrologista pediátrico, mas seu médico teve a coragem e a sabedoria de pedir a outros especialistas que o ajudassem na busca da solução.

Sempre fico satisfeito quando, em um grupo, alguém tem uma visão completamente diferente e sugere uma solução para o que parecia um problema insolúvel. Já vi isso acontecer tantas vezes que me convenci de que praticamente todos os problemas podem ser resolvidos, se apresentados a um grupo de pessoas inteligentes para fazer *brainstorm* — tempestade de idéias. Meu pai criou um slogan que mandava imprimir na pauta de todas as reuniões de executivos: "Juntos, sabemos mais do que um só."

Um ponto de vista diferente é capaz de mudar até mesmo a percepção de um problema. Pense em quantas vezes esperou um longo tempo pelo elevador. Parece que ele leva horas para chegar ao andar onde você está. Como solução, a administração poderia instalar mais elevadores ou aumentar a velocidade dos já existentes, mas isso seria impraticável ou caro demais. Em um exemplo do que o famoso jornalista Arnaud de Borchgrave chama de "pensamento vertical", surgiu uma idéia que envolvia uma alternativa mais simples e mais barata: se fossem colocados espelhos no hall de espera, as pessoas aproveitariam para se arrumar e não perceberiam o passar do tempo. Essa solução reconhece que a percepção é a realidade e tem como meta mudar a percepção do tempo de espera.

Para fazer funcionar a técnica de *brainstorming*, todas as idéias têm de ser respeitadas. Se você não ouve nem executa as idéias, a sessão é improdutiva. Isso não faz de você uma pessoa má; apenas não deve, definitivamente, usar essa técnica.

Quanto à constituição do grupo, não existe número mágico. Para garantir a harmonia, deve ser pequeno. Se quiser que as pessoas se sintam confortáveis para falar, use um tom respeitoso, sem sarcasmo, que leve ao compartilhamento de idéias. Humor é muito bom, mas não a ponto de fazer as pessoas adotarem uma postura defensiva.

Ah, e deixe o ego do lado de fora. Quero ser sempre o mais quieto da sala. Você não precisa ser a resposta personificada. Permita que os outros expressem suas boas idéias. Essa é uma das razões pelas quais contrata pessoal mais inteligente do que você (e ninguém discorda disso!).

GARIMPANDO DIAMANTES

- Juntos, sabemos mais do que um só.
- Um ponto de vista diferente é capaz de mudar a sua percepção do problema, levando a uma solução mais criativa.
- O respeito pela opinião de todos os membros do grupo estimula a participação.

Sempre há uma resposta!

B. C. Helzberg

A idéia nova é frágil. Pode ser destruída por um olhar de desprezo ou um bocejo; pode ser golpeada de morte por um gracejo e ferida gravemente pela expressão de desagrado da pessoa certa.

Charles Brower, presidente, Batten Barton Durstine and Osborn (agência de publicidade)

57

Como destruir idéias e a comunicação

Reuniões começam e terminam, e muitas se revelam improdutivas. Às vezes, soluções estabelecidas não são aproveitadas adequadamente. Talvez aqueles que as apontam se sentissem de algum modo desprestigiados, caso fosse aprovada uma idéia nova. Quantas idéias dão certo logo na primeira tentativa? Felizmente, os negativistas não estavam por perto quando a pessoa (a nova idéia) começou a aprender a andar, senão diriam: "Vai cair!" Os itens 1 e 2 que você verá a seguir são excelentes exemplos desse fenômeno.

O que se espera dos negativistas é que sejam construtivos, sensatos. Alguns indivíduos dizem coisas capazes de destruir uma idéia nova. Você pode sair perdendo se abrir mão de uma boa idéia por causa da negatividade.

Será que apontar estes sete diabinhos, antes de começar uma reunião, contribuiria para mais construtividade? Você decide!

1. *Mas nós sempre fizemos assim.* Uma regra básica adotada por meu pai era a seguinte: se você faz a mesma coisa há cinco anos ou mais, avalie; a atividade pode estar desatualizada.
2. *Já tentamos uma vez e não deu certo.* Será que o *timing* estava correto? E quanto àquele fator importantíssimo, a execução da idéia? Sem esses dois fatores, jamais aprenderíamos a andar! Thomas Edison teria desistido de inventar

a lâmpada elétrica. Antes de encontrar o filamento certo, ele testou dezenas de materiais; estava aprendendo o que não dava certo.

3. *Claro, é uma economia, mas e quanto à qualidade?* Uma reação natural a uma novidade. Melhore a qualidade ao apresentar o novo.
4. *De que adianta economizar meia pessoa?* Metades se juntam rapidamente. A economia pode ser real.
5. *Não está no orçamento.* No mundo atual, de mudanças rápidas, o segredo é a flexibilidade. Vamos alterar o orçamento e fazer crescer a empresa.
6. *Claro, mas quando vou ter tempo?* Isso leva ao admirável princípio: "Não faça as coisas direito, faça as coisas certas." A chave do sucesso é estabelecer prioridades. Se valer a pena, encontre tempo.
7. *Eles (conselho diretor, investidores, etc.) nunca permitiriam isso.* Reapresente a idéia. Tente outra vez. Melhore a idéia e a sua comunicação.

Todo progresso depende do homem que não é razoável.
O homem razoável se adapta ao mundo.
O que não é razoável persiste na tentativa de adaptar o mundo a ele.

George Bernard Shaw (1856-1950),
dramaturgo, ganhador do Prêmio Nobel de 1925

58

Ouvir e aprender: por que o silêncio é um recurso valioso

Dou muito valor à tecla mute *do telefone, que silencia o meu lado da conversa. Não que eu queira manter algum segredo. Mas sei que, com a tecla pressionada, não adianta falar; assim, posso escutar com mais atenção. (E, quando me pego falando, logo me lembro da tecla* mute *e paro!)*

O ato de ouvir depende de disciplina, e não é fácil! Quando falo, não ouço. Nem sempre ouvir significa aprender, mas as chances são maiores.

Descobri que é muito mais fácil ficar calado ao telefone quando conto com a ajuda da tecla *mute*. Mas ainda acredito que o melhor é o encontro pessoal, olho no olho. Sem o telefone, tive de desenvolver uma tecla *mute* interna. (Alguns dizem que eu deveria usá-la mais!)

Com o tempo, cheguei à conclusão de que me controlo melhor quando mantenho a mão sobre a boca. Assim, não esqueço que devo deixar o centro das atenções para o outro, enquanto escuto e aprendo. (A mensagem que envio para mim é "Cale-se!") Um dos meus ex-alunos dá um beliscão na própria perna, para se lembrar de ficar calado. Enquanto não for possível implantar cirurgicamente uma tecla *mute* no corpo, vou usar o meu sistema, que tem contribuído para me tornar um ouvinte melhor.

Outro grande desafio para muitos — inclusive para mim — é o desconforto que se instala quando ocorre o silêncio durante uma conversa, e as pessoas se sentem obrigadas a preencher o espaço. Em geral, isso é um erro. A pessoa que fala pode estar simplesmente procurando um meio de expressar melhor suas idéias ou tentando se lembrar de alguma coisa.

Ao preencher o silêncio, ou seja, "praticando o salvamento", você na verdade interrompe e desvia a conversação, o que pode sugerir falta de interesse no que a outra pessoa tem a dizer. Deixe-a falar. Se conseguir se conter, evitando interferir ou direcionar o assunto conforme a pauta que tem em mente, terá acesso aos melhores e mais honestos pensamentos da pessoa que fala. Em termos de habilidade de comunicação, o silêncio é de ouro.

Eis aqui um desafio ainda maior: em vez de refutar o que o outro diz, ouça até o fim com imparcialidade, considerando seriamente a possibilidade de que o ponto de vista dele esteja certo. Assim, reduzem-se as chances de mal-entendidos.

GARIMPANDO DIAMANTES

- "Cale-se!" É difícil se calar e, mais difícil ainda, ouvir o que o outro diz. Trabalhe isso.
- Quando falar ao telefone, experimente pressionar a tecla *mute*.
- Quando outra pessoa estiver falando, pense que ela tem algo valioso a compartilhar.

É preciso coragem para se levantar e falar;
é preciso coragem para se sentar e ouvir.

Sir Winston Churchill (1874-1965),
primeiro-ministro britânico

59

MENTORES:

PRÓS E CONTRAS

Em 1973, minha esposa e eu assistimos a uma conferência em Pebble Beach, Califórnia, cujo palestrante principal era Ewing Marion Kauffman. Ele inaugurou o Marion Laboratories no porão de casa, fazendo o empreendimento crescer sem parar até vendê-lo, em 1989, por 6,5 bilhões de dólares à Merrell Dow.

Enquanto saboreávamos um drinque depois da apresentação, ele me convidou a passar em seu escritório, quando voltasse para casa. Ali começou um relacionamento que duraria 20 anos, até seu falecimento, em 1993. Ele partilhou comigo todos os recursos possíveis e, quando sentia não ser a melhor pessoa para fornecer respostas ou informações, encaminhava-me a quem pudesse fazê-lo.

Ele me perguntava freqüentemente: "Sabe por que trabalho com você?" Então, explicava que fazia isso com prazer, porque aceitávamos seus conselhos e colocávamos alguns em prática; senão, estaríamos desperdiçando o tempo um do outro.

Boa parte do sucesso da Helzberg Diamonds se devia à extrema capacidade dos meus mentores e à extrema receptividade dos empregados. Algumas empresas sofrem com a síndrome de NIA (Não Inventado Aqui). O que acontece realmente é uma resistência a sugestões vindas de fora. Conosco, era o contrário; depois de uma sessão com o sr. K (como Kauffman era conhecido), os empregados vinham me perguntar o que eu tinha aprendido.

Segundo minha visão do trabalho do mentor, os conselhos não se adaptam necessariamente a você. O cérebro precisa de um tempo de "amadurecimento", depois do qual um dia você se olha no espelho, vê se acender uma lâmpada no alto da cabeça e enxerga a resposta que melhor se adapta a você e à sua situação. Talvez seja uma combinação das suas idéias com as idéias do mentor. Alguns dizem que se trata de obra do subconsciente. O amadurecimento acontece. Dê tempo ao tempo. Não force.

No contato com os mentores, ouça. Não fique na defensiva e permita que transmitam todas as idéias que tiverem. (Veja a sugestão número 58 e aperte a tecla *mute*.) Deixe que eles falem e não diga que "já tentou". (Veja a sugestão de número 57.) Silêncio!

Apesar de ter crescido em uma família em que toda noite se discutiam negócios à mesa do jantar, tenho consciência do quanto ainda preciso de mentores. Eles fizeram tanta diferença na minha vida que me tornei um entusiasta de seu trabalho.

O outro lado da moeda é que mentores não são para todos. No livro *Daring Visionaries: How Entrepreneurs Build Companies, Inspire Allegiance and Create Wealth* (*"Visionários ousados: como empreendedores constroem empresas, inspiram fidelidade e criam riqueza"*, em tradução literal), o autor Ray Smilor afirma: "Alguns empreendedores preferem não acatar outras pessoas, organizar seu cronograma de trabalho e cometer os erros que tiverem de cometer, pois são guiados interna, e não externamente. Empreendedores bem-sucedidos se comprometem com o próprio sucesso e operam melhor em situações nas quais são pessoalmente responsáveis pelos resultados."

Antigamente, eu defendia a formação de conselhos consultivos e a contratação de mentores, porque deram certo comigo. Hoje, entendo que "não existe tamanho único" e que não é correto indicar mentores e conselhos consultivos a todos os empreendedores, como se fossem garantia de sucesso. É como disse Barnett, meu filho, quando tinha 12 anos e me ouviu criticar a maneira como falava ao telefone: "Papai, cada um tem seu estilo!" Somente você pode decidir qual é o seu estilo.

Se você decidir contar com o aconselhamento de um mentor, quanto mais prontamente agradecer pelo encontro com ele, melhor. Em um mundo perfeito, assim que saísse do escritório do mentor, você entraria em uma agência dos correios e enviaria uma nota de agradecimento. Depois da reunião, é importante dar feedback ao mentor em relação às questões discutidas, ao que foi feito ou não e por que e aos sucessos alcançados.

Garimpando diamantes

- Escolha os seus mentores, relacione-se com eles e aproveite o que têm a oferecer.
- As pessoas, em sua maioria, gostam de ajudar. Peça ajuda. (É uma forma de elogio.)
- Não solicite a colaboração de mentores nem de um conselho consultivo, caso não se adapte a eles. Não é errado ser "o cavaleiro solitário".
- Agradeça imediatamente ao mentor.
- Ofereça prontamente ao mentor feedback em relação aos assuntos discutidos.
- Passe adiante. Ajude os outros.

Somente a disciplina de colocar as idéias em ordem
diante de outra pessoa já é de grande ajuda.

Charles Munger, vice-presidente da Berkshire Hathaway

60

CONSTRUINDO E MANTENDO A CREDIBILIDADE

Na época em que diamantes eram aconselhados como investimento por alguns promotores, fui o palestrante em uma reunião de membros da comunidade. Indagado sobre o assunto, expliquei que aquela era uma estratégia enganosa, pois os joalheiros legítimos não vendiam diamantes para investimento; quem fazia isso eram operadores que comercializavam títulos em uma semana e pedras preciosas na outra. Expliquei também que, por mais vantajosa que fosse a compra do diamante, o comprador não conseguiria revendê-lo e nem preço de atacado, pois o interessado, profissional ou não, faria de tudo para "roubá-lo". Aquela resposta inesperada deixou os ouvintes surpresos, e o fator credibilidade foi tremendamente reforçado.

Casos como o da Enron e da Tyco criam uma atmosfera em que honestidade e escrúpulo são mais valorizados do que nunca. Um verdadeiro fator positivo para funcionários e clientes foi a grande importância conferida a esses valores dentro da empresa. Isso cria uma excelente oportunidade para o empreendedor construir sobre eles, fornecendo aos funcionários o máximo de informação, sempre atualizada, sem divulgar porém questões confidenciais. Aí se inclui transmitir aos empregados, clientes e fornecedores as más notícias, antes que eles fiquem sabendo por outras fontes, em geral de maneira equivocada ou distorcida. Quem deve gerenciar o controle dos estragos feitos: você ou os seus inimigos?

Ainda que pertença ao clube dos criminosos mais procurados, você deve operar sobre uma base ética, de franqueza e coerência, se quiser lucros a longo prazo. Um passo em falso é sempre danoso, ainda que depois de mil passos firmes.

Basicamente, isso remete à filosofia "trate as pessoas como quer que tratem você". Você sabe o que é omissão, o que é comissão e sabe também como evitar as duas — o que não significa revelar questões confidenciais, prejudicando a empresa. Significa, isso sim, que a sua comunicação deve ser a mais completa possível, em todos os níveis. Meus pais diziam com outras palavras: "Se eles roubam para você, vão roubar de você." É impossível jogar com os clientes o jogo das duas caras, sem esperar que os empregados joguem com você o mesmo jogo. A coerência deve incluir todos os envolvidos.

Aprendi com os meus empregados que, quanto mais honestamente a administração se comporta em relação aos funcionários, mais fortes a satisfação e a sensação de fazer parte da empresa. Assim, quanto menos as pessoas forem surpreendidas, recebendo as informações diretamente, sem ouvir de outras fontes, melhor.

Antes que aquela terrível demonstração de lucros venha a público, procure o banco com o qual você trabalha. Converse sobre o que está por vir. Aja proativamente. Evite as surpresas e a omissão como quem foge da praga. Se más notícias se aproximam, é melhor que seja você a transmiti-las a funcionários, fornecedores e banqueiros. Não deixe que a boataria tome conta.

Garimpando diamantes

- Guarde com zelo a sua credibilidade. Nunca, nunca, nunca traia a confiança dos outros em você ou na posição que ocupa.
- Transmita as más notícias antes que eles saibam por outros. Proatividade é a chave.

- A omissão pode ser tão prejudicial quanto a comissão.
- Nunca, nunca manipule.
- Quando a notícia for ruim, evite surpresas; avise os envolvidos.

Ao contratar funcionários, procure três qualidades:
integridade, inteligência e energia.
Se eles não possuírem a primeira, as outras vão destruir você.

Warren Buffett, CEO, Berkshire Hathaway

61

A PERGUNTA NÃO É "VOCÊ ESTÁ ENSINANDO?" A PERGUNTA É "O QUE VOCÊ ESTÁ ENSINANDO?"

Certa vez, acompanhei o gerente do restaurante Bagel & Bagel, em Prairie Village, Kansas, até seu local de trabalho. Eram 5h59, e o restaurante abria às 6h. Ao chegar, ele gritou para a equipe: "Ele chegou!"

Em outra ocasião, visitei o departamento de serviço de uma revendedora de automóveis. Dois rapazes, empregados da revendedora, continuaram a conversar, enquanto eu permanecia no carro. Na verdade, um deles olhou para mim como quem olha para um marciano. Finalmente, falei que gostaria de ser atendido, e um deles agendou os serviços de manutenção.

Então, fui até o showroom de carros novos. Embora vários funcionários estivessem lá, nenhum se aproximou. Somente quando tomei a iniciativa, consegui falar com um deles. É verdade que admiro a coerência, mas as ações dos departamentos de serviço e de vendas definitivamente não eram orientadas para o atendimento.

Aquelas pessoas ensinavam alguma coisa? Com certeza! Diziam claramente que, como cliente, eu era um intruso nada bem-vindo e interrompia outras tarefas ou atividades mais agradáveis. Era essa a lição que passavam a colegas e compradores em potencial.

Tudo o que você faz comunica! Você sempre dá exemplos, quer queira quer não! Isso é muito bom quando o seu bom humor e o seu entusiasmo estão em alta. Nos dias em que o seu estado de espírito e as suas atitudes não forem tão positivas, você não vai querer que os empregados e a família ajam da mesma maneira.

O que o empresário que se aproveita dos negócios para cobrir despesas pessoais ensina? Além de dar aos empregados o poder de mandá-lo para a cadeia e dos conseqüentes danos à reputação, que se estendem à família, ele destrói o interesse daqueles mesmos empregados em economizar alguns centavos em material de escritório ou o que quer que seja.

Tem-se a impressão de que, se o chefe faz, é aceitável! Faça o que fizer, você ensina. Esse é um fator positivo importante. No entanto, pode se transformar em fator negativo, se você não mantiver isso em mente ou se esquecer de agir como espera que os outros ajam.

GARIMPANDO DIAMANTES

- Você está *sempre* ensinando!
- A pergunta é: "O que você está ensinando?"
- Quando você está na companhia dos empregados, surgem ótimas oportunidades de ensino e de aprendizagem.
- Você está sempre em evidência. Trate clientes e empregados como quer que os outros os tratem.

Uma atmosfera que estimule um comportamento exemplar é provavelmente mais importante do que regras, embora estas sejam necessárias. Durante o período de tempo em que exerci o cargo de presidente do grupo, considerei-me responsável pelo cumprimento das normas da empresa e convidei os 9 mil empregados da Salomon a colaborar comigo. Disse a eles também que se guiassem por um teste que vai além das regras. Ao tomar uma decisão de trabalho, deviam se perguntar se gostariam de vê-la comentada por um repórter crítico e bem informado na primeira página do jornal local, que seria lido pela mulher — ou marido — pelos filhos e amigos. Na Salomon, simplesmente não admitimos atividades que, apesar de legais, sejam por nós, cidadãos, consideradas ofensivas.

Warren Buffett, investidor
Salomon Inc.: A Report by the Chairman on the Company's Standing and Outlook (Um Relato do Presidente Sobre a Postura e a Reputação da Empresa, em tradução literal).
The New York Times, quinta-feira, 29 de outubro de 1991

Na arena da vida humana, honras e recompensas vão para aqueles que demonstram suas boas qualidades em ação.

Aristóteles (384 a.C.-322 a.C.), filósofo grego

62
Dignidade para todas as tarefas: como conquistar o empenho dos empregados e aproveitar seus conhecimentos

Quando o jovem Charles Percy (mais tarde, senador Percy) assumiu a diretoria da Bell and Howell, que na época fabricava câmeras sofisticadas, a produtividade melhorou drasticamente. Ao ser perguntado sobre o método utilizado, ele disse que usara a "História do Carrinho de Mão".

Percy respondeu que não acreditava em simplesmente dizer ao trabalhador que levasse no carrinho de mão, para o outro lado da fábrica, as peças necessárias. Segundo sua filosofia, o trabalhador executaria melhor e com mais disposição a tarefa, se o supervisor se detivesse para explicar a importância daquele trabalho para o sucesso da fábrica como um todo. A linha de produção, por exemplo, depende daquelas peças, que devem chegar ao lugar certo na hora certa. "A produção fecha, sem o seu trabalho."

Veja outro exemplo real, desta vez de como desestimular os empregados a contribuir para o sucesso de uma operação. Um consultor perguntou ao gerente de um depósito caríssimo, recém-construído:

— Você foi consultado sobre a planta? Está funcionando bem?

— Um desastre! — respondeu o gerente. — Os chefões chamaram uns intelectuais da cidade para fazer!

Você acha que esse indivíduo vai se esforçar para fazer o depósito funcionar? Não acredito.

A verdade é que talento de alta qualidade e aconselhamento criterioso às vezes estão mais perto do que se imagina. Percy sabia que, quando as pessoas se sentem valorizadas e percebem que seus esforços e idéias contribuem para o resultado, esforçam-se para alcançar o máximo desempenho.

Igualmente, as pessoas que fazem o mesmo trabalho todo dia têm tanto conhecimento — e freqüentemente até mais — quanto consultores que vivem a quilômetros de distância. Convide-as a sugerir maneiras de melhorar a produtividade da empresa. O aproveitamento de suas sugestões faz com que se comprometam muito mais com as tarefas do que quando apenas recebem ordens.

Isso mesmo, há diamantes enterrados no seu quintal! Ao solicitar a opinião dos empregados, você confere dignidade ao trabalho deles, melhora sua auto-estima e aumenta a produtividade. O gerente do depósito citado como exemplo poderia, com certeza, oferecer idéias práticas e criativas aos arquitetos que planejaram as novas instalações. Durante o processo, ele provavelmente desenvolveria a vontade de colaborar na melhoria do projeto, garantindo assim o sucesso. Além do mais, finda a construção, ele estaria muito mais interessado em provar a funcionalidade do depósito.

É uma conseqüência natural: quando você se detém para explicar o valor do trabalho do empregado, ele se sente motivado a fazer melhor. Seguindo a mesma linha, quando você pede a opinião dele sobre como simplificar o trabalho, por exemplo, o empregado passa a buscar meios de aumentar a eficiência. Se você prestar atenção nas respostas, vai colher ótimos dividendos em termos de moral alto e melhora da produtividade.

GARIMPANDO DIAMANTES

- Quando você explica ao empregado a importância da tarefa que executa para o sucesso da empresa como um todo, demonstra respeito pelo indivíduo e por seu trabalho.
- Pergunte aos empregados como poderiam atuar com mais eficiência.
- Ouça e, quando for conveniente, mude.
- Se não mudar, converse e explique por quê.
- Desperte nos empregados um senso de autoria em relação às tarefas que executam.

A dignidade humana é mais preciosa do que o prestígio.
Clause McKay (1890-1948), poeta

Quem não respeita não é respeitado.
George Herbert (1593-1633), poeta

63

PERGUNTAS: O MELHOR MEIO DE COMUNICAÇÃO

"Você tem mostarda?" "Tem vinagre comum?" "Posso pedir outra diet coke?" Depois de 39 anos de constantes viagens e almoços em inúmeros restaurantes, percebi um fato simples: uma pergunta precisa de resposta! Por mais corriqueiro que seja o pedido, descobri que posso fazê-lo em forma de pergunta. Este modo de comunicação é muito mais eficiente do que dizer ao garçom que eu quero mostarda ou vinagre. (Muitas vezes meu pedido ficava sem resposta.)

Achei esse modo de pedir comida ou serviço muito mais proveitoso do que a maneira usual. Por isso, a técnica da pergunta é tão valiosa em comunicação: exige resposta.

GARIMPANDO DIAMANTES

- Pergunte! Não mande!

Os inteligentes perguntam quando não sabem.
E, às vezes, quando sabem.

Malcolm Forbes (1919-1990), editor norte-americano

Tive ao meu lado seis homens honestos que me ensinaram tudo o que sei. Seus nomes são: onde, o que, quando, por que, como e quem.

Rudyard Kipling (1865-1936), autor e poeta

64

NEGOCIAÇÃO: APRENDA A FAZER OU PASSE A TAREFA PARA OUTRO

Depois de convidar Ted Cohn para o cargo de diretor consultivo da Helzberg Diamonds, perguntei a ele quanto achava que deveríamos pagar para contar com sua capacidade. Antes que o salário fosse discutido, porém, eu lhe disse que, qualquer que fosse a quantia acertada, ele estaria sendo enganado. Era assim que me sentia em relação a seu talento e inteligência.

Embora deteste a arrogância, há muito tempo me proclamei o pior negociador dos Estados Unidos. Não acredito que se trate de arrogância. Seria, se me dissesse o pior negociador do mundo. Considero realmente importante conhecer a própria habilidade para negociar. Algumas pessoas são treináveis; outras não. (Eu não sou.)

Então, se não posso ajudar você a negociar melhor, para que este capítulo?

- Para incentivar você a convocar outros negociadores, caso seja a pessoa errada para a tarefa.
- Para informar que existem bons cursos para ensinar a negociar.
- Para dizer a única coisa que sei a respeito de negociação: o esperto é tolo, o tolo é esperto.

GARIMPANDO DIAMANTES

- Talvez você seja uma pessoa incapaz de negociar. Deixe a tarefa para outros mais capacitados.
- Existem bons recursos de treinamento para negociação.
- O esperto é tolo, o tolo é esperto.

Nunca pareça mais inteligente ou mais bem informado do que a empresa com a qual trabalha. Trate o seu conhecimento como se fosse um relógio de bolso. Deixe-o guardado. Não fique contando os minutos, mas informe as horas quando lhe perguntarem.

Lorde Chesterfield (1694-1773), político inglês

65

EM MARKETING, NÃO DIGA; SEJA

Eu estava na Califórnia para um seminário do International Council of Shopping Centers, quando ouvi falar de uma loja de roupas onde cartazes convidavam as pessoas a entrar, ainda que levassem comida ou bebida. Quase todas as lojas fazem o contrário: exibem avisos pedindo aos clientes que não entrem com lanche. Fiquei curioso, pois aquela loja deixava claro que estava lá para servir nos termos do cliente, e não nos termos do proprietário.

No mundo do marketing, em que tantos estabelecimentos se dizem amigáveis e depois criam regras negativas, aquele parecia um exemplo de verdadeira cordialidade — não só "da boca para fora". Imediatamente copiamos a idéia: afixamos cartazes em todas as lojas Helzberg, convidando os passantes a entrar, com suas comidas e bebidas. Nossa atitude comunicava claramente a mensagem de que éramos diferentes.

O interessante é que, quando as pessoas viam as palavras "comida" e "bebida", ficavam do lado de fora para acabar seus sorvetes. Ao ver isso, os funcionários se aproximavam, convidavam os potenciais clientes a entrar e, brincando, diziam que seriam especialmente bem-vindos se dividissem o lanche com eles!

Entrando na brincadeira, a rede Carousel Snack Bars afixou avisos dizendo: "Venha exibir a sua jóia da Helzberg Diamonds enquanto saboreia o lanche."

Nossa estratégia serviu para descontrair e começar conversas. Acreditamos que conseguimos dizer claramente por que estávamos lá: para servir o cliente em seus termos.

As pessoas tinham cuidado com a comida e bebida que levavam e raramente os funcionários tiveram trabalho extra por causa de algum descuido. Não consigo entender como as lojas investem milhões para atrair os clientes e depois avisam que não podem entrar com comida e bebida. A atitude contrária é um meio, a custo zero, de convidar os clientes a entrar, em vez de ficarem do lado de fora.

Pergunto aos meus colegas da loja de roupas: "Não vale a pena o estrago causado em um ou dois vestidos por ano, para receber mais gente na loja?" Converse sobre a taxa de risco-recompensa.

Não estaria você fazendo alguma coisa que afaste os clientes? Existe no seu setor de atuação alguma prática que lhe ofereça a oportunidade de se diferenciar dos outros, fazendo o oposto?

Garimpando diamantes

- Não diga que é amigável. Seja amigável.
- Primeiro, deixe-os à vontade.
- Segundo, faça amigos.
- Terceiro, conquiste clientes.
- Se não conquistar um cliente, faça um amigo!
- Não prometa o que não pode cumprir.

Emitimos contas separadas, se você preferir.
Apenas nos dê mais uns minutinhos.
Não há custo extra, caso você queira compartilhar a refeição ou pedir mais um prato.
Pedidos especiais não são problema. "Se podemos, fazemos."
Nunca cobramos o que prometemos oferecer gratuitamente, seja qual for o tamanho da festa.

Menu do First Watch Restaurant, Fairway, Kansas

66

Preparando-se para reuniões controversas

A reunião do conselho administrativo da organização sem fins lucrativos era para tratar do assunto mais controverso possível: a conversão de uma escola para garotos em uma escola co-educacional. Como presidente, visitei pessoalmente cada um dos membros, para ouvir suas opiniões e compartilhar a potencial orientação a ser adotada pela instituição. Foi uma providência muito útil, para conhecer separadamente os sentimentos de cada um, visando à possibilidade de mudança. Assim, tive oportunidade de considerar todos os aspectos. O conselho aprovou a mudança por unanimidade, sem discussões ou perda de tempo. Parece que, instintivamente, fiz a coisa certa.

As visitas individuais criaram a oportunidade de conhecer os sentimentos de cada membro, sem a presença dos outros. E todos puderam falar à vontade, em particular. Quanto a mim, fiquei sabendo de coisas que não sabia ou às quais não tinha dado a devida consideração, assim como tomei conhecimento de potenciais objeções.

Assim, evitou-se que algum dos membros do conselho expusesse seus pontos de vista com veemência e depois se sentisse sem jeito de mudar. Ficou patente também o respeito pelas idéias e opiniões de todos. Com tudo isso, aprendi muito e pudemos discutir sonhos, esperanças e receios acerca da instituição.

Garimpando diamantes

- Conforme a gravidade da decisão a ser tomada, vale a pena providenciar para antes da reunião um encontro individual com cada um dos participantes.
- Assim, aqueles que não se sentem à vontade para externar suas opiniões em público podem fazê-lo em particular.
- Você tem a oportunidade de convencer quem estiver em dúvida ou contra a mudança.
- Se o seu objetivo se revelar incorreto, impossível ou inoportuno, deixará de haver uma reunião confusa e mal programada.

Não tema as pessoas que discordam de você, tema aquelas que discordam, mas são covardes para dizer.

Napoleão Bonaparte (1769-1821),
soldado, imperador, estadista

67

ENCURTANDO AQUELAS REUNIÕES MAÇANTES E TORNANDO-AS MAIS PRODUTIVAS

Certo dia, eu me vi em uma reunião do conselho administrativo de uma incubadora de empresas. E tinha a mão direita levantada! Ali estava eu, votando a favor de uma coisa que antes não aceitava. Em casa à noite, diante do espelho, perguntei a mim mesmo: "Por que não quis aborrecer o conselho com um longo discurso sobre os motivos de ser contra a mudança? Por que votou a favor? O que o fez mudar de idéia?"

A resposta é que os responsáveis pela reunião prepararam com antecedência um material com perguntas e respostas para todos os participantes. Ali estavam detalhados os prós e contras; mesmo as perguntas difíceis, desagradáveis, estavam lá, com respostas cuidadosamente elaboradas que explicavam todos os aspectos da potencial decisão. Cheguei à reunião convencido de que minha postura original não estava correta. Não perdi tempo. Votei a favor, e não contra.

Mais tarde, tomei conhecimento da versão definitiva dessa técnica usada pela Jewish Heritage Foundation, da cidade de Kansas. Os dez tópicos a serem abordados na reunião de seis horas, marcada para o domingo, foram escritos em folhas separadas. Cada folha citava a política ou prática adotada, a mudança em potencial e os prós e contras a serem considerados.

Todos os participantes receberam o material com antecedência, tendo assim a oportunidade de avaliar cada proposta. Tiveram também tempo para pensar em outros aspectos que poderiam abordar na reunião. Resultado: bem informado, o conselho consultivo aprendeu muito, e a reunião, altamente produtiva e com resultados concretos, levou menos da metade do tempo programado.

A técnica teve vários resultados positivos: tremenda economia de tempo, tomada de decisões sensatas e a criação de uma base de conhecimento que incentivasse os participantes a pensarem sobre o assunto, de modo que só fossem apresentadas perguntas inteligentes e oportunas. Outras organizações que utilizaram essa técnica obtiveram as mesmas vantagens.

Veja este exemplo:

Devemos estender o monitoramento das doações? Até onde deve ir o processo? Até que ponto seremos invasivos/exigentes? O processo de monitoramento implica futuro provimento de fundos? As doações devem estar ligadas aos resultados do programa?

- **Atual Prática ou Política da Fundação**

A fundação utiliza várias técnicas de monitoramento, que incluem: relatório semestral, por escrito, dos progressos feitos, até que se esgotem os fundos; visitas da equipe ao local; visitas da equipe e do conselho administrativo ao local; visitas ao escritório da fundação; pesquisas por telefone acerca da utilização das doações; exame dos cheques cancelados; troca de informações entre os doadores; conversas informais.

- **Possíveis Modificações na Atual Prática ou Política**

- **Pontos a Considerar a Favor do Aumento do Nível e do Alcance do Monitoramento**

- **Pontos a Considerar Contra o Aumento do Nível e do Alcance do Monitoramento**

- **Pontos a Considerar a Favor da Redução do Nível e**

do Alcance do Monitoramento

- **Pontos a Considerar Contra a Redução do Nível e do Alcance do Monitoramento**

GARIMPANDO DIAMANTES

- ♦ Quanto mais você trabalhar a reunião antes, melhores as chances de uma decisão acertada e de economia de tempo.
- ♦ Se quiser reduzir o tempo de reunião e melhorar a eficiência, experimente essa abordagem.

Se fosse preciso identificar em uma palavra o motivo pelo qual a raça humana não alcançou todo o seu potencial, essa palavra seria "reuniões"!

Dave Barry, autor, colunista de humor, ganhador do Prêmio Pulitzer de 1988

68
O MÁGICO SISTEMA DE ACOMPANHAMENTO DE MARTY ROSS

Em 1970, tive o privilégio de iniciar o período de 7 anos no qual trabalhei com o excelente indivíduo e destacado administrador profissional Marty Ross. Marty se considerava mais professor do que administrador. E como nos ensinou! Um de seus muitos "trunfos" era seu sistema de acompanhamento. Ele marcava uma data no assunto que queria rever, com a palavra "acompanhamento" e arquivava em um fichário com dia, mês e ano. Aquele não era um meio de adiar compromissos, mas um sistema de lembrança altamente visual.

Seu arquivo anual de acompanhamento consistia de 12 pastas mensais, 31 pastas diárias e pastas para os anos seguintes. Inicialmente, ele guardava os artigos na pasta mensal. No início do mês, separava conforme o dia em que pretendia rever a matéria.

O sistema funciona para acompanhamento de 15 dias, para Natal, aniversário ou acompanhamento qüinqüenal. É bom também para acompanhar projetos entregues a outros funcionários, fazendo de você um executivo melhor, que não precisa memorizar inúmeros dados. Marty se orgulhava de não "atravancar" a mente. É bom que se diga que esse sistema não substitui a agenda diária.

Se o empreendedor distribui tarefas, o sistema pode lembrar quando acompanhar os progressos dos membros da equipe. Ele mantinha também um arquivo de relatórios de cada funcionário que se reportava diretamente a ele e podia consultar esse arquivo antes das reuniões semanais.

Também emprego o sistema quando encontro um ótimo artigo que pretendo ler anualmente: em vez de guardar em uma pasta onde ficaria esquecido, marco para acompanhamento dali a um ano. É muito prático para o caso de renovação de marcas registradas, que agendo para três dias diferentes, por segurança. Soube de um escritório de advocacia que deixou expirar o licenciamento de determinada marca registrada — uma falha imperdoável de seu sistema de acompanhamento.

O sistema de Marty há mais de 30 anos tem sido de extrema utilidade para mim. Infelizmente, ele faleceu aos 53 anos. O sistema que criou permaneceu, como Marty sabia que aconteceria.

GARIMPANDO DIAMANTES

- Um sistema de acompanhamento é de valor inestimável.
- Pense em utilizar um sistema de acompanhamento para lembrar compromissos e reler textos importantes.
- Folhas soltas e documentos cabem bem nesse sistema.
- No caso de artigos de extrema importância, como término de contratos e renovação de marcas registradas, agende acompanhamento para três datas diferentes.
- Livre-se da obrigação de lembrar. Crie um sistema para isso.

O jovem que se dedica com sólida determinação a organizar a própria vida — hábitos, amizades, leituras, estudo, trabalho — tem muito mais possibilidade de ascender a uma posição que lhe dê oportunidade de pôr em prática sua capacidade de organização do que aquele que vagueia sem mapa nem bússola, sem planejamento nem propósito, sem auto-aperfeiçoamento nem autodisciplina.

B. C. Forbes (1880-1954), editor, fundador da revista Forbes.

69

A DIFICULDADE EM CONSEGUIR FEEDBACK HONESTO

Nosso controller *pediu demissão, explicando que aquele não era o tipo de trabalho para ele. Queria trabalhar em uma área mais intelectual. Passado algum tempo, nosso vice-presidente confessou: sempre achara que o* controller *não se adaptava à função. Quando perguntei por que não me falou, sua resposta foi: "Pensei que você gostasse dele."*

Foi uma situação dolorosa para mim, um sujeito que se considerava capaz de fazer as pessoas se sentirem à vontade para expressar idéias, opiniões e impressões. Aquilo me lembrou de uma história de Hans Christian Andersen em que o rei andava sem roupas, mas ninguém dizia a ele que estava completamente nu.

Pense na possibilidade de ser o imperador. Talvez você não saiba de fatos de vital importância para os negócios. Os seus empregados têm medo que você se ofenda, caso lhe digam coisas com que não concorda ou que não combinam com os seus desejos ou impressões?

Se você tiver interesse genuíno em feedback honesto, saiba que está diante de um desafio tremendo. Aqui estão alguns métodos — nada infalíveis — para obter idéias e sugestões e tomar a melhor direção.

O segredo é perguntar. Deve ficar claro que você busca ajuda e comentários construtivos, e não elogios ou respostas "certas". Sim, elogios dizem o que deve continuar a ser feito, mas em geral vêm depois e não contribuem para o progresso.

Se o que você quer é feedback honesto, saiba que é muito difícil. Em certa ocasião, estava tão frustrado que disse aos meus alunos do curso de MBA na Rockhurst University: "Gosto de elogios, mas eles não ajudam a melhorar o curso. Como pode este curso ficar melhor?" (Repare que me referi ao curso; não usei o pronome "eu". Assim, eles não estariam me magoando ou ofendendo.) Recebi conselhos valiosíssimos. Admito que fiz uma espécie de chantagem, explicando que as turmas anteriores tinham deixado o curso melhor para eles; então cabia a eles deixarem o curso melhor para os próximos alunos.

Concentre a pergunta exatamente no que quer saber. Assim, todos ficam à vontade para dizer algo considerado negativo ou alguma coisa que, imaginam eles, talvez você preferisse não ouvir.

As três perguntas mágicas foram apresentadas à turma por uma palestrante muito bem-conceituada, Mary McElroy. Os alunos reclamavam que as revisões anuais não passavam de tapinhas

na cabeça acompanhados de um aumento de salário, sem orientação alguma acerca de melhoria do desempenho ou progresso na carreira. A resposta de Mary McElroy: faça as três perguntas mágicas.

1. O que estou fazendo que lhe agrada?

2. O que estou fazendo que lhe desagrada?

3. O que não estou fazendo, mas você gostaria que eu fizesse?

Essas perguntas podem ser respondidas em revisões anuais, ainda que não sejam feitas pelo funcionário entrevistado. Sei de empresas que aproveitam para perguntar sobre clientes, conseguindo assim um feedback valioso. A estratégia pode elevar em muito o seu nível de comunicação.

Se não tiver interesse em conhecer a verdade nua e crua, não pergunte. Fazer o contrário seria manipulação, um procedimento negativo que, além de inútil, não engana ninguém.

GARIMPANDO DIAMANTES

- Se deseja realmente receber feedback honesto, aperfeiçoe as suas técnicas. Faça as perguntas certas (bem focadas).
- Adapte as três perguntas mágicas à sua realidade.
  - ◊ Entre as coisas que estão acontecendo, de quais você gosta?
  - ◊ Entre as coisas que estão acontecendo, de quais você não gosta?
  - ◊ O que não está acontecendo, mas você gostaria que estivesse?
- Pergunte: "Como podemos melhorar?"
- Escute! Escute! Escute!
- Prove coerentemente, por meio de sinais verbais e não-verbais, que deseja conhecer a história pela visão do outro.
- Anote as opiniões e, depois de suficiente ponderação, responda. Não dê respostas imediatas, a menos que seja essa a atitude adequada.
- Se você fizer uma expressão de desagrado ao receber feedback honesto apontando algo de errado, a notícia vai repercutir em toda a organização. Você deve querer desesperadamente a informação.

Se as pessoas não forem informadas da verdade sobre seus problemas, a maioria delas, não provavelmente mas certamente, fará um julgamento errado.

Ralph Ingersoll, editor

70

Almoçar ou não com o cliente, fornecedor ou empregado

O locador já havia recusado o nosso pedido de desocupação da loja. Convidei-o para almoçar, e tivemos uma boa conversa, que enriqueceu o nosso relacionamento. Anos mais tarde, tornei a levá-lo para almoçar e, depois da refeição e de uns drinques, retomei meu discurso acerca da desocupação da loja. Dessa vez, depois de uma discussão franca, ele concordou. Nosso relacionamento continuou — se é que não ficou mais ainda — extremamente cordial.

Levar o cliente ou fornecedor (em perspectiva ou atual) para almoçar ou tomar o café-da-manhã é sempre uma atitude inteligente? Não! Use o seu bom senso.

Pense bem. Qual é o seu objetivo? Se um relacionamento próximo for contrário ao que você tiver em mente, não compartilhe refeições.

Garimpando diamantes

- Antes de jantar, pense.
- Quando o mais apropriado for um relacionamento menos pessoal, não compartilhe o jantar.

Camaradagem e amizade são empecilhos a acordos sensatos de negócios.

Shmarya Levin, funcionária da Henzl

71

Evite palavras de efeito e sopas de letrinhas

Durante a reunião, enquanto ouvia o presidente do conselho, minha mente vagava, tentando traduzir a sopa de letrinhas que ele servia — MAMTEC, KTEC, uma sigla atrás da outra. Senti-me perdido naquela confusão perturbadora e indecifrável e pouco ouvi da apresentação. Afogado na sopa, pensei ser o único pateta na sala, até que um dos membros do conselho pediu uma tradução.

Ao expor idéias, se você quiser acionar o desligamento automático dos ouvintes, use palavras de efeito e sopa de letras. As palavras de efeito, mesmo quando decifráveis, podem ser perturbadoras para uns, enquanto desconcentram ou humilham outros e às vezes fazem o palestrante parecer pretensioso.

Devo admitir que algumas palavras de efeito são extremamente úteis. Minha preferida é "em um mundo perfeito", que abrange o que quero dizer. Não sei ao certo o que é uma "iniciativa estratégica" ou "*leading lipstick indicator*"* ou "processo". Sei que você entendeu. Use a ferramenta de busca do seu computador para conhecer uma lista mais completa.

"Desligar" os ouvintes não vence batalhas. E perde guerras.

---

* NT – Expressão que resume a teoria de que os consumidores adquirem produtos mais baratos e que lhes dão prazer – como batom (lipstick) – em épocas de recessão ou incerteza econômica. O termo foi criado por Leonard Lauder, chairman da empresa de cosméticos Estée Lauder.

Garimpando diamantes

- Não humilhe os outros! Não empregue siglas ou palavras difíceis que eles não conheçam.
- Não tente parecer a pessoa mais inteligente da sala.
- Lembre-se: "O esperto é tolo, o tolo é esperto."
- Opinião: evite "por assim dizer" e outras expressões que nada significam e só servem para mostrar o quanto você é intelectual.

Palavras de efeito: Equivalente verbal a se vestir para o sucesso no mundo empresarial, onde um vocabulário que inclua "alavancagem" ou "incremental" eleva tanto o seu status quanto um terno elegante ou suspensórios.

Rick Bayan, autor de The Cynic's Dictionary

72

Você deve revelar o seu sucesso?

Embora muito extrovertido, meu pai dizia que a melhor estratégia é ficar quietinho, ou seja, não fazer alarde do sucesso alcançado. O interessante é que essa idéia foi confirmada por Leonard Lauder, da Estée Lauder, que disse para uma platéia de empreendedores: "Não contem sobre o seu sucesso; outros vão roubar os seus empregados e as suas idéias."

Houve uma época em que nossos compradores ficaram muito aborrecidos comigo, pois, apesar do sucesso da Helzberg Diamonds, os potenciais fornecedores visitados por eles nunca haviam ouvido falar de nós! À medida que a sua empresa for mais e mais bem-sucedida, você inevitavelmente receberá convites para fazer palestras e dar entrevistas, destacando-se.

A notoriedade que você pode angariar tem pontos positivos e pontos negativos. (Um dos negativos é a antiga regra de que sair na capa da revista *Time* é o beijo da morte.) Avalie cuidadosamente os prós e contras. Todos os fatos revelados podem chegar aos ouvidos de quem você prefere que não saiba. Aja de acordo. Assim, evitam-se futuros arrependimentos.

GARIMPANDO DIAMANTES

- Avalie cuidadosamente as possibilidades de que a sua exposição leve ao conhecimento do seu concorrente número 1 alguma revelação acerca da empresa, o que você não gostaria que acontecesse.
- Controle atentamente as informações que saem da empresa – e também as que não saem.
- Com o crescimento da empresa, um certo grau de paranóia é saudável. Compartilhe apenas o que for interessante.
- Saiba que, quanto maior a exposição, mais os seus atos serão observados.
- Compreenda as diferentes implicações da exposição local e para todo o setor. Ser conhecido localmente pode ajudar as vendas, se o seu mercado for local; ser conhecido em todo o setor talvez só ajude o seu ego.
- Se o seu ego representa um problema, reconheça isso e se contenha!

Não revele o seu sucesso.
Vão roubar os seus empregados e as suas idéias.

Leonard Lauder, presidente de
The Estée Lauder Companies Inc.

Fique quieto.

B. C. Helzberg

73
Evitando o emprego do pronome "eu" — e como empregá-lo adequadamente

Quando houver da sua parte insatisfação com o comportamento ou desempenho de alguém, é hora de usar a primeira pessoa. "Estou desapontado." "Estou aborrecido." Não vale dizer "Você fez tudo errado", "Você é preguiçoso" e nem "Você é tolo". Nunca ataque a auto-estima do outro. Converse sobre a situação, não sobre personalidade.

Deve haver critério no emprego do pronome "eu". Lembrar que os outros estão mais interessados em si do que em você é uma estratégia vencedora.

Por outro lado, a primeira pessoa se encaixa quando você não está de acordo, como em "não compreendo". Evite "eu discordo", que em geral levanta uma barreira para a comunicação. Quando você discordar, é mais gentil e eficaz dizer "não consigo entender esta idéia e aquela conclusão. Pode explicar melhor, por favor?"

Outra ocasião apropriada para o emprego da primeira pessoa é ao assumir a responsabilidade por alguma falha no desempenho. Assim, cresce o respeito e é eliminado o desperdício de tempo que representaria uma investigação de culpa — um exercício, no mínimo, inútil.

GARIMPANDO DIAMANTES

- Lembre que os outros estão mais interessados neles mesmos do que em você.
- Faz mais efeito dizer "estou desapontado" do que "você estragou tudo".
- Use a primeira pessoa para assumir responsabilidade pelas próprias falhas ou pela dificuldade de compreensão.

Ego: um balão cheio de gás hélio que freqüentemente eleva o ambicioso às alturas, onde a diferença de pressão pode fazê-lo estourar de repente.

Rick Bayan, autor de The Cynic's Dictionary

Quanto maior o ego do indivíduo,
mais fácil encontrar um substituto para ele.

Henry A. Courtney (1916-1945),
herói de guerra, condecorado com a Medalha de Honra

Até o inspetor Clouseau descobriria o culpado pelo que deu errado no ano anterior: o presidente da organização. Meu desempenho me lembra o jogador de futebol cujo boletim escolar mostrava quatro conceitos "F" e um "D", mas tinha um treinador muito compreensivo. "Filho", disse ele. "Acho que você está se dedicando demais àquela matéria."

Warren Buffett, investidor, relatório anual
da Berkshire Hathaway, 1999

74

Sem surpresas

O princípio "sem surpresas", aplicado na boa comunicação, foi bem demonstrado por Alan Greenspan. Os jornais disseram que, antes de o Federal Reserve aumentar a taxa de juros, em fins de setembro de 1999, Greenspan "fez tudo, menos dar pulinhos e dizer que a taxa vai aumentar."

Como conseqüência, o mercado e a comunidade financeira não se surpreenderam quando a taxa de juros subiu de 5,25% para 5,50%. A vida seguiu normalmente, pois o aumento era esperado. Só não se sabia o tamanho dele.

Greenspan é um excelente exemplo. Suas ações não provocam um grande choque quando você sinaliza adequadamente com antecedência o que pode acontecer — ou seja: planta as sementes. Assim, condicionando-se os que serão afetados pela mudança, não há tumulto. No já citado ótimo livro *First, Break All the Rules!* (*Primeiro Quebre Todas as Regras*), é comentada a reação positiva provocada pelas enfermeiras que, antes de aplicar uma injeção subcutânea, advertem o paciente de que "vai doer um pouquinho". No caso das enfermeiras que garantem "não vai doer nada", a percepção é menos positiva. Portanto, são consideradas melhores as enfermeiras que preparam o paciente para o choque. Se puder preparar a sua equipe para a possibilidade de mudança, você afastará o fator-surpresa.

Além do mais, para evitar o choque, em especial quando as notícias não são boas, é sempre melhor ficar sabendo pelo próprio chefe do que por boatos e histórias aumentadas que correm de boca em boca. Isso se aplica em especial a banqueiros e empregados.

Quando for possível conversar com franqueza e conforto sobre a possibilidade de determinado acontecimento, siga o exemplo de Alan Greenspan. Isso tem a ver tanto com a premência quanto com o assunto. Más notícias andam acima da velocidade da luz, e você deve chegar à frente da "central de boatos", para evitar os problemas que sempre vêm atrás.

Um exemplo de prática de gerenciamento mal aplicada é quando um empregado se surpreende ao ser demitido.

GARIMPANDO DIAMANTES

- Sempre que possível, evite surpresas e estará evitando problemas. É mais justo com os empregados, os amigos e a família. E você terá menos sobressaltos, insatisfações e aborrecimentos a enfrentar.
- Você vai se surpreender com a receptividade, quando der pessoalmente as más notícias.

A melhor defesa é um bom ataque.

B. C. Helzberg

75

Relacionamento com os empregados

Antes de abrir uma nova loja, sempre organizávamos seminários de treinamento em que eu tinha a honra de ser um dos palestrantes. Assim, aproveitava para conhecer os empregados novos e estreitar o relacionamento com os antigos. Nas reuniões, eu sempre perguntava: "Quem vem em primeiro lugar?" Todos os participantes concordavam: "O cliente."

Então, um dia, depois de 30 anos de experiência, tive uma visão do óbvio. De repente, percebi que o número 1 não eram os clientes, mas os empregados. Tudo literalmente emanava deles. Eles eram a chave do sucesso da empresa — sem dúvida. Cabe a você tratá-los com respeito e elogiar e comemorar o sucesso daqueles de melhor desempenho.

Eu ficava feliz em enviar um presentinho todo mês aos 25 melhores vendedores. Em uma dessas vezes, mandei uma miniatura de Mercedes, com uma nota escrita à mão, na qual explicava que éramos a única joalheria a presentear os vendedores mais bem-sucedidos com um carro.

Nossas homenagens aos "campeões" não tinham limites. Todo ano, minha esposa e eu os convidávamos para um "evento pré-jantar", em nossa casa. Em seguida, íamos todos para um bom hotel, onde nos esperava um jantar sofisticado, com toda a produção imaginável, inclusive com direito a uma orquestra tocando o tema da cidade ou do Estado de origem daquele que subia ao palco para receber o prêmio.

De cinco em cinco anos, levávamos os gerentes e suas esposas para passar alguns dias em um *resort*. Com a elevação do número de lojas, porém, os custos aumentaram tanto que o bom senso prevaleceu, e as viagens foram suspensas.

Sempre tive grande consideração pelos gerentes e, quando visitava as lojas, gostava de convidá-los para lanchar ou jantar.

O horário de funcionamento dos shoppings ajudou bastante, permitindo que em um ou dois dias eu percorresse várias lojas. Era possível tomar o café-da-manhã com um gerente ou com os empregados, percorrer lojas até 21h e, possivelmente, convidar outro gerente para uma refeição tardia.

Uma antiga canção — *You gotta love 'em in the A.M., love 'em in the P.M.* (Ame-os de manhã, ame-os à tarde) — me vem à lembrança quando penso nos empregados da Helzberg.

Em determinada ocasião, uma loja passou por um período ruim, por causa da devolução de mercadorias. Logo, liguei para a gerente e me solidarizei com ela. E deveria ter ligado ainda mais vezes.

Minha mulher, vendo o modo como eu tratava os empregados, freqüentemente resmungava: "Me trate como se eu trabalhasse na sua empresa!" Isso me mostrava que eu estava no caminho certo — pelo menos com os empregados.

Garimpando diamantes

- Comemore todo tipo de sucesso dos empregados.
- Ame-os de manhã, ame-os à tarde.
- Arranje uma desculpa para escrever à mão uma notinha para os empregados: a chegada de um bebê, uma casa nova, etc. Se você se importa, demonstre — e aí se incluem as perdas familiares e tragédias.
- Beije até os lábios racharem!

Aceite o fato de que devemos tratar quase
todos os indivíduos como voluntários.

Peter Drucker, escritor, educador, consultor de gerenciamento

Acredito que a coisa mais valiosa que deve ter um
executivo, um líder ou um chamado administrador é
um relacionamento atencioso com as pessoas.

Erwing M. Kauffman (1916-1993),
empresário da indústria farmacêutica

Não se lidera com rispidez; isso é agressão, não liderança.

Dwight D. Eisenhower (1890-1969),
general e 34º presidente dos Estados Unidos

76

Relacionamento com os fornecedores

Lionel era dono de algumas pequenas sapatarias iguais a tantas outras. O método empregado por ele para superar a concorrência era ter os modelos novos mais cedo e em maior quantidade. Como ele conseguia isso? Seu caminho para o sucesso era o relacionamento próximo com os fornecedores. Quando os representantes do fornecedor chegavam a seu escritório, eram tratados como visitas importantes: convidados a entrar, saborear um cafezinho e depois conduzidos a um elevador especial ("para nossos fornecedores"), onde tinham mais facilidade de carregar os pesados mostruários. Nas exposições que aconteciam de três em três meses, era sempre ele quem pagava a conta do bar e do restaurante. E lembrava até os aniversários das famílias deles! Lionel simplesmente tratava aqueles indivíduos mais como clientes do que como fornecedores.

Resultado: Quem tinha primeiro as novidades? Quem recebia a mercadoria quando havia falta? Quem era o dono das lojas que mais se destacavam? Lionel.

Outro exemplo: O pessoal da Marion Laboratories voltou da Alemanha e disse a Ewing Kauffman que tinha feito um grande negócio com um novo fornecedor de um produto farmacêutico. O agente de compras então procurou o fornecedor original, que baixou o preço para não perder o negócio. Kauffman perguntou ao funcionário se o fornecedor com quem ele negociara ganharia algum dinheiro com o contrato. A resposta foi "não". Kauffman fez o agente de compras oferecer uma quantia mais alta, para que o fornecedor tivesse lucro.

Mais tarde, quando o outro fornecedor daquele produto se afastou dos negócios, Marion Laboratories tinha com quem continuar a trabalhar.

Moral da história: muitos se tornam bem-sucedidos por tratar as pessoas, inclusive aquelas de quem compram, como querem ser tratados.

Garimpando diamantes

- Uma decisão consciente deve ser tomada tendo em vista o tratamento dispensado aos fornecedores.
- A sua equipe deve se reunir periodicamente para avaliar o programa de relacionamento e sua eficácia.
- O programa deve ser revisto regularmente para verificar se há itens a acrescentar ou eliminar.
- Você precisa criar uma atitude geral na empresa, de modo que haja coerência e conformidade com a política adotada.

Faça pelos outros o que fazem por você. Mais 10%.

Henry Kissinger, diplomata, ganhador
do Prêmio Nobel da Paz de 1973

77

RELACIONAMENTO COM FINANCIADORES

Nossa empresa havia tomado um empréstimo de 500 mil dólares à Prudential Insurance Company. Estávamos encurralados por uma orientação equivocada, uma queda significativa nos lucros, falta de um balanço decente e pouco progresso. Fred Kennedy e Dick Anderson, representantes da Prudential, nos visitavam periodicamente. Com o passar dos anos, tínhamos construído um bom relacionamento. Em uma das visitas, as coisas não iam bem, mas agradavelmente surpresos, recebemos deles todo o apoio. O valor dos relacionamentos honestos estava confirmado mais uma vez.

Os banqueiros e outros financiadores podem ser extremamente importantes para o seu sucesso e progresso a longo prazo. Tratá-los como parceiros é uma atitude que pode render altos dividendos, permitindo que você consiga outros empréstimos com menos restrições.

Basicamente, trate-os como investidores e parceiros. Prometa pouco e realize muito. Se eles pedirem extratos trimestrais, pense em oferecer extratos mensais. Se quiserem encontros anuais no escritório deles, convide-os para o seu. Marque um passeio pela fábrica, depósito ou loja e explique os seus planos. Fale sobre o que vê — certo ou errado. Fale sobre mudanças que estejam em estudo, para que eles vejam além dos números.

Convide os funcionários que ocupam postos-chave a fazer apresentações para os visitantes. Assim, além de envolver todos no processo, estará mostrando as pessoas de quem se orgulha e confirmando a qualidade do seu gerenciamento. Acima de tudo, nada de surpresas. Se sabe que se aproxima um período de resultados fracos, informe-os disso antes mesmo que os números estejam disponíveis. Explique as razões e os objetivos, diga o que aprendeu e o que pretende fazer em seguida. O pior que pode acontecer é as pessoas saberem das notícias por ouvir falar, e não por você. A melhor defesa é quase sempre um bom ataque. Aja proativamente. Vale a pena. Os seus financiadores vão alcançar um nível de conforto, por causa da sua integridade nos relatórios financeiros e nos compromissos assumidos. Os financiadores possuem um olfato excelente para situações suspeitas, ainda mais depois dos casos da Enron, Andersen e Tyco.

Trate os financiadores como um tesouro guardado para o futuro. Construa relacionamentos pessoais com os bancos que podem representar uma opção. Procure evitar as instituições onde a sua solicitação de empréstimo é enviada a um computador inanimado, a milhares de quilômetros de distância, para um veredicto. Trate com seres humanos que tenham a responsabilidade de tomar decisões.

O título deste livro seria outro, não fosse nosso antigo relacionamento pessoal com um grande banqueiro. Acima de tudo, não espere se afogar para pedir o bote salva-vidas. Faça amizade com o capitão agora.

Garimpando diamantes

- Relacione-se com os financiadores antes de precisar deles.
- Convide-os a conhecer a sua empresa e explique a estratégia adotada e os negócios.
- Mostre não apenas os seus pontos fortes, mas também os pontos fracos que está trabalhando. Essa espécie de "propaganda negativa" constrói

credibilidade — a menos que você tenha alcançado a perfeição.

- Deixe que os funcionários de primeira linha façam breves apresentações.
- Nunca permita que os financiadores tenham surpresas desagradáveis com a sua empresa. Nunca.

Todas as virtudes se resumem no tratamento justo.

Aristóteles (384 a.C.-322 a.C.), filósofo grego

78

EM QUE TIPO DE NEGÓCIO VOCÊ ESTÁ REALMENTE?

Quando as viagens aéreas começaram a se popularizar, em meados do século 20, a Canadian Pacific Railways estava pronta. Sua missão já tinha sido definida: transportar pessoas e cargas. E foi criada a Canadian Pacific Airlines!

Bem mais ao sul, a American Railroads tinha definido seu negócio como operação de estradas de ferro — apenas estradas de ferro. Eles não se viam no negócio de transportes. Sem sentir que isso contribuía para sua ruína.

O negócio da Helzberg Diamonds são jóias, e não centros comerciais. Quando acrescentamos lojas isoladas às nossas operações, não houve diferenças maiores do que quando deixamos o centro das cidades para nos instalarmos em shoppings. Ainda vendíamos jóias; apenas passamos a fazer isso em outro ambiente. Quando a Helzberg deixou de comercializar algumas mercadorias (até relógios ficaram de fora por alguns anos), as placas de identificação das lojas foram mudadas, de "Helzberg Jewelers" para "Helzberg Diamonds". Focamos o que queríamos ser e como queríamos ser vistos.

Além de saber em que negócio está, você precisa dizer isso às pessoas. O nome da empresa é extremamente importante, considerando-se que os consumidores são bombardeados diariamente por milhares de mensagens de propaganda. Sempre tive orgulho do nome da nossa empresa, porque dizia exatamente o que éramos e tentei tornar regra fazer o nome Helzberg ser seguido imediatamente pela palavra "diamonds".

Os nomes de empresas ou lojas que não explicitam seu ramo de negócios sempre me confundem. O que é "Joe's"? Um restaurante bem-sucedido, uma loja de roupas ou uma firma especializada em serviços hidráulicos? Existem exceções? Com certeza. Esta é uma visão pessoal. Você precisa de um nome que defina quem e o que é. A menos que se trate da Boeing ou da Clorox, você deve explicar quem é.

Pergunte-se: "Em que negócio estou realmente?"

No negócio de estradas de ferro ou no de transportes?
No negócio de cinema ou no de entretenimento?
No negócio de centros comerciais ou no de lojas isoladas?

No negócio de alimentos ou no de hotelaria?
No negócio de filmes fotográficos ou no de transferência de imagens?

O que poderia ser mais desafiador e excitante do que as contínuas mudanças do *mundo empresarial*? Lutar contra a mudança é querer evitar o inevitável. A mudança vai acontecer, faça você o que fizer. Portanto, prepare-se para as guinadas e reviravoltas do seu setor de atuação. Não se prenda ao que foi, como tantos comerciantes do centro da cidade que não agarraram as primeiras oportunidades de abrir lojas em shoppings. (Eu senti na pele, porque fui um deles.)

Quando surgiu a televisão, a indústria do cinema se divertiu com o que parecia um competidor. Televisões enguiçadas faziam parte dos scripts dos filmes. Tratava-se de um humor cáustico, direcionado e reativo. Hoje, o relacionamento, embora não seja 100% simbiótico, se beneficia da melhora da programação televisiva e da utilização de VCR e DVD.

O setor do varejo de jóias também passou por mudanças drásticas. Em determinado ponto de um passado distante, optometristas alugavam espaços em joalherias. O acerto gerava lucros e atraía novos clientes. Quando o esquema foi ameaçado, muitos varejistas, inclusive eu, fizeram *lobby* com legisladores, para evitar que os optometristas fossem afastados das lojas. Na verdade, quando os optometristas interromperam sua atuação em nossas lojas, as vantagens incluíram um foco melhor. A mudança era inevitável. Seria perda de tempo, de dinheiro e de foco lutar inutilmente contra o inevitável.

Gostei especialmente dos 8 anos em que nossas lojas deixaram de vender relógios, concentrando-se nos diamantes. A decisão não foi tomada de maneira 100% racional. Eu desembalava relógios para a inauguração da loja do Park Mall (hoje Park Place), em Tucson. De repente, parei e guardei tudo de novo, dizendo: "Esta vai ser a primeira loja Helzberg a nunca vender um relógio!" (Ah, as alegrias do empreendedorismo!) Aqueles foram anos bastante lucrativos. Tive a impressão de que 90% das reclamações dos clientes vinham daqueles 8% do nosso volume de vendas: os relógios. Senti que nos livraríamos de muitas dores de cabeça se todos os nossos empregados se concentrassem em diamantes. Parafraseando Ford ("Vende Fords?"), minha pergunta era: "Vende diamantes?" Além disso, tive a sensação de que nossos funcionários sentiam um certo orgulho de serem diferentes da concorrência.

Agir ao contrário do que se espera e ver que deu certo, pode ser muito agradável. Depois daquele período, uma nova equipe de gerenciamento tornou a incluir os relógios entre os artigos vendidos pelas lojas Helzberg e não me opus. Como dizia meu pai: "Existe o seu jeito, o meu jeito e o jeito certo!"

Garimpando diamantes

- Foco! Foco! Foco!
- Menos é mais. (Isso é uma promessa!)
- Faça o que você faz melhor. O resto deixe de fora.
- Use este teste para tomar decisões: "Isto vai nos deixar mais perto do nosso objetivo?" Se só serve para ganhar dinheiro, pode ser um erro.

Fizemos um acordo com o banco. Eles não fazem pizzas.
Nós não aceitamos cheques.

Cartaz no Shakey's Pizza

Não sei qual é a chave do sucesso, mas a chave
do fracasso é tentar agradar a todos.

Bill Cosby, comediante, ator, autor

79

EQUILIBRANDO A VIDA... TRABALHO, LAZER, FILHOS, SAÚDE E DINHEIRO

Caía uma das nossas nevascas. Cheguei ao escritório por volta de 6h. O que eu estava querendo? Ser um exemplo e provar que o mau tempo não é justificativa para chegar tarde ao escritório? O dia de trabalho começava às 8h. Que diferença poderia eu fazer, chegando duas horas antes?

De certa maneira, eu me habituei a reagir exageradamente porque, sendo filho do dono, queria provar que era capaz de trabalhar mais e por mais tempo do que qualquer um. Claro que produtividade é muito mais importante do que atividade, mas eu confundi as coisas. Com base no que tinha visto em outras empresas, pensei que todos esperassem que eu fosse um parasita e/ou destruísse a empresa.

Eu me lembro de ocasiões em que poderia ter passado mais tempo com a família e hoje vejo que, se valorizasse mais a produtividade do que a atividade, não teria sido assim. Compreendo que um dos meus grandes motivadores era o fato de ser filho do dono, o que é válido, mas eu deveria ter usado um pouco mais de equilíbrio. Trabalhar duro com produtividade é uma atitude inteligente, com certeza. Embora eu me sinta um afortunado em termos de relacionamento com a família, estava muito interessado no esforço e menos no resultado. As horas de trabalho tinham tanta importância quanto as vendas, o lucro e o desenvolvimento de uma empresa com gente de qualidade.

O fato óbvio de que o tempo com os filhos é muito limitado só me ocorreu ao longo do caminho. Fazíamos ótimos passeios em família. Eu os levava à escola e ia buscar, sentindo-me um ladrão satisfeito a roubar tempo para ficar com eles. Os empresários que conheço, em sua maioria, dão grande importância à família e se preocupam com as implicações do empreendedorismo. Você precisa de muito apoio da família, sabendo que não tem controle ilimitado sobre a sua agenda, especialmente em tempos de crise.

Os aspectos que devem estar em equilíbrio incluem ainda a saúde, que pode ser afetada e controlada em grande parte por você, no que se refere a peso, força e flexibilidade. Só não há como controlar a cronologia. Será que o seu exercício mais vigoroso é um passeio no carrinho do campo de golfe?

Quando os seus filhos forem adultos, o que você quer ver, ao olhar para trás? Que lembranças quer ter do tempo que passou com eles? Na minha geração, não vi essa preocupação acontecer na mesma medida em que acontece hoje. As implicações com família são uma peça importante das decisões do empreendedor. E vão ainda mais longe, porque a família tem de lidar com as emoções e restrições financeiras, quando os negócios ficam difíceis. Vale a pena considerar inclusive a sua reação a tais traumas, bem como reservar um tempo para decidir quais são as suas prioridades e discutir com a família as implicações do empreendedorismo.

Garimpando diamantes

- Valorize mais os resultados do que os esforços. Horas desnecessárias de trabalho sem resultados são tolice.
- Não confunda atividade com produtividade.
- Equilibre a sua vida. Valorize todos os momentos passados com a família. As oportunidades não voltam.
- A sua mulher — ou o seu marido — deve compreender a sua necessidade

de tempo para cuidar dos negócios, sendo uma excelente mãe — ou um excelente pai.

- Você vem cuidando bem da saúde? Ou está com a manutenção atrasada?
- O empreendedor não tem total controle sobre a própria vida. A família é afetada pelas crises nos negócios, e os negócios são afetados pelas crises familiares. Admita que as crises podem acontecer e se prepare para elas, se possível. Pelo menos, tenha consciência da inevitabilidade das crises ao longo da vida.

Gostaria de ter sabido mais cedo que, se você perde uma apresentação ou evento esportivo do seu filho, em um ano terá esquecido qual foi a emergência no trabalho que causou a sua ausência. Mas a criança não terá esquecido que você não foi.

Laurel Culter, vice-presidente, Foote, Cone & Belding

Ser feliz em casa é o resultado final da ambição.

Samuel Johnson (1740-1795),
poeta, ensaísta, crítico, jornalista inglês

O custo do sucesso será alto demais se você não levar uma vida equilibrada.

Linda Stryker, enfermeira missionária

80

Retribuindo o que recebeu

Retribuir pode ser a parte mais prazerosa do processo. Minha atitude mais egoísta é retribuir, pelo muito que fica para mim. Não vejo aí generosidade, mas a coisa mais agradável, mais nobre e talvez mais egoísta que faço.

O outro lado da retribuição é a atitude de indivíduos que, por causa do ego, assumem cargos em entidades filantrópicas, enquanto suas empresas e seus empregados estão em situação de risco. A primeira tarefa do empreendedor é tornar sua empresa lucrativa, para garantir o emprego dos funcionários e o sucesso futuro. Isso deve vir à frente de atividades externas, por mais nobres que sejam elas!

Recebi, de dois dos meus mentores, conselhos valiosos sobre atividades filantrópicas. Nosso vice-presidente executivo, Marty Ross, disse: "Não seja diretor de coisa alguma", porque quando os profissionais que recebem salários saem — e isso acontece inevitavelmente de tempos em tempos — você tem de assumir o comando. O conselho de Ewing Kauffman foi: "Limite as suas atividades a um total de duas, para continuar a manter o foco da empresa." Minha decisão é participar apenas quando sinto que posso contribuir verdadeiramente, e não quando, em um conselho ou qualquer outra atividade, o conhecimento já ultrapassa o meu.

Trabalhar com organizações isentas do pagamento de impostos pode ser um grande prazer quando e onde você puder se dedicar por um período longo, ajudar realmente e perceber o progresso. E, o melhor de tudo, os colegas de trabalho se tornarão amigos queridos!

Garimpando diamantes

- Só pense em atividades externas se as coisas estiverem correndo bem na empresa.
- Limite as suas atividades a um número e a um nível confortável para a organização.
- Analise cuidadosamente a possível redução do tempo passado com a família.

Quando cheguei ao mundo, não o encontrei despovoado.
Assim como os meus ancestrais plantaram para mim, eu planto para os meus filhos.

Talmud

Se não sou por mim, quem será?
Se não sou pelos outros, o que sou eu?
Se não for agora, quando?

Hillel

Ainda que tenha merecido o pagamento que recebeu, o seu dia não foi completo, a menos que tenha feito algo por alguém que jamais conseguirá retribuir.

Ruth Smeltzer

Conheça-se: o que é preciso para ser um empreendedor

Meu pai tinha 14 anos quando assumiu os negócios da família. Meu avô, Morris Helzberg, sofreu um derrame e não havia quem cuidasse da pequena joalheria na cidade de Kansas, Estado de Kansas. Não acredito que papai tenha questionado a decisão familiar. Assumiu a tarefa naturalmente, com verdadeiro impulso empreendedor. Ele era um vendedor nato e muitas vezes ficava na loja depois do horário de fechamento, para ajudar um cliente indeciso.

Aos 17 anos, papai mudou a loja para um prédio maior, mais imponente, e com o entusiasmo próprio da juventude se proclamou mercador de diamantes. Tal como todas as outras joalherias, a dele comercializava uma miscelânea de anéis e relógios, mas o rótulo servia para informar ao mundo sobre seus grandes planos – para si mesmo e para os negócios da família. Durante a Depressão, ele se tornou um símbolo de coragem e pensamento positivo para a sofrida comunidade, quando, em 1932, dobrou o tamanho da loja de Kansas, no Estado de Missouri.

Ele incentivou e alimentou nos três filhos o mesmo impulso positivo para o sucesso. Quando eu tinha 15 anos, meu pai me empregou durante as férias de verão. Eu não sabia bem o que esperar. Tímido, mas obediente, só pedi que não me colocasse como vendedor. Pois sim! Papai sabia da importância de aprender pela prática e me pôs para vender, é claro. Meu amor pela coisa começou depois da alegria da primeira venda (um rádio, se não me engano). A interação com os clientes e os relacionamentos que daí resultavam me deixavam entusiasmado. A primeira venda, apesar de modesta, me deu confiança. Aquilo não era trabalho; era prazer. No fim das férias, eu estava entre os dez mais, em um concurso para ver quem vendia o maior número de relógios em todas as filiais.

Não sei onde outros empreendedores conseguem disposição, mas seria capaz de apostar que, como eu, muitos se encantaram ainda jovens com o que fazem. A sensação de ser o próprio patrão, de ter o destino nas mãos, é ao mesmo tempo estimulante e assustadora.

Cheguei à presidência da Helzberg Diamonds em 1962, aos 19 anos, quando papai adoeceu e me pediu que assumisse. Senti-me inseguro. Definitivamente, não estava pronto. Mas contei com o apoio de meu pai e de toda a família. Nem sempre foi fácil, mas nunca fiquei entediado. Cometi erros e tive minha cota de fracassos, mas meu entusiasmo e o apoio da família jamais fraquejaram.

Todo indivíduo bem-sucedido passa por fases difíceis. Quantos tombos você levou antes de aprender a andar? Alguém contou o número de golpes errados de Babe Ruth, o grande jogador de beisebol: foram 1.330. Mas ele é lembrado pelos 714 *home runs* que conseguiu.

Apesar dos reveses, os empreendedores pertencem a uma raça que não desiste; que não abandona seus objetivos maiores. Ninguém conhece uma receita fácil para se tornar um empreendedor bem-sucedido. Quem disser que conhece está mentindo. É preciso uma boa dose de sorte, que freqüentemente corresponde a perceber e agarrar as oportunidades antes dos outros. Existem empreendedores de todos os tamanhos, formas, sexo e bagagens socioeconômicas. Alguns se tornaram empreendedores no momento em que abriram a primeira barraquinha de limonada; outros, por necessidade: foram demitidos ou demitiram o patrão, livrando-se de uma situação incômoda. O redimensionamento – que alguns preferem chamar de *downsizing* – cria verdadeiros exércitos de novos empreendedores.

Os empreendedores buscam o sucesso. Acreditam quase ingenuamente que nada pode se interpor em seu caminho – fecham os ouvidos aos que duvidam de suas chances de vitória, adoram competir e possuem as habilidades dos jogadores de futebol americano quando correm em campo aberto: caem e se machucam, mudam de direção se necessário, mas mantêm o foco no objetivo.

Se você não é assim, não se engane. Não vale a pena. Pensar que pode abrir uma empresa ou ser o seu patrão apenas porque detesta o emprego atual, quando realmente lhe falta determinação e força para caminhar só, é atrair o fracasso. Quando não existe vontade verdadeira, nada dá certo.

Se você possui a obsessão de ver as suas idéias criativas se realizarem e a disposição de pagar o preço correspondente, seja abrindo empresa própria ou expandindo e desenvolvendo uma já existente, não há escolha: adote a vida de empreendedor.

Veja algumas conclusões acerca do perfil de empreendedores bem-sucedidos:

- **Decididos** – Confiam na intuição, na experiência e no instinto. Chegam a grandes idéias sem se prender a detalhes ou à lógica da situação, o que freqüentemente retarda a decisão de outras pessoas.
- **Dispostos a correr riscos** – Calculam as vantagens, mas não hesitam em se retirar. Quando a ação envolve riscos, estão dispostos a pagar o preço.
- **Persistentes** – O fracasso é considerado a primeira parcela do sucesso, que dão como certo, desde que persistam. Sempre contam com um plano B, quando não com um X, Y ou Z.
- **Obstinados** – Podem sonhar com grandes realizações, mas vivem no mundo real, quando se trata de resultados.

Precisam saber o que dá certo e o que não dá, para organizar a nova tentativa.

- **Independentes** – Preferem marchar de acordo com o próprio ritmo, em geral se tornando mais rigorosos com eles mesmos do que seria qualquer chefe.
- **Sensíveis a dinheiro** – O dinheiro em caixa é um claro indicador do sucesso ou insucesso de suas decisões. Os melhores compreendem que lucro é opinião, mas dinheiro é fato.
- **Eternos insatisfeitos** – Assim que chegam aonde pretendiam, elaboram novos projetos para substituir os antigos. Estão sempre começando, por mais bem-sucedidos que sejam.
- **Apaixonados** – Amam o que fazem. Para eles, o tempo voa. São imunes ao tédio.

Além dessas características, empreendedores bem-sucedidos tendem a apresentar certas competências no nível emocional. São elas:

- Gostam de liderar.
- Gostam de ser chefes.
- Aceitam bem tanto as críticas quanto os elogios.
- Querem saber o que podem fazer para melhorar e alcançar o sucesso.
- Conhecem seus pontos fortes e pontos fracos.
- Sabem quando precisam de ajuda e onde consegui-la.
- Reconhecem a sabedoria de contratar pessoal capaz para as áreas em que eles apresentam deficiências.
- Não permitem que críticas ou insucessos interfiram nos relacionamentos.
- Estão dispostos a trabalhar para o chefe mais exigente e ilógico de todos (eles mesmos).
- Estão dispostos a trabalhar arduamente, mantendo a dis-

ciplina necessária ao sucesso.

- Estão dispostos a pagar o alto preço de passar menos tempo com a família.
- Estão dispostos a começar ganhando pouco (esperando que seja por um período de tempo limitado).

Para concluir, empreendedores ajustam suas idéias à situação. Eles:

- **Fazem a diferença** – Sabem como fazer uma idéia se destacar das outras no panorama empresarial.
- **Vivem as finanças** – Entendem a necessidade do provimento de fundos suficientes para a expansão e a manutenção dos negócios.
- **Executam** – Utilizam uma combinação de habilidade, instinto e sorte, para juntar tudo e fazer funcionar.

A convivência com empreendedores pode não ser das mais tranqüilas, quando se trata de paciência ou trabalho em equipe. Eles não dedicam muito tempo a pensar em como fazer amigos. Podem ser *workaholics*. É fácil confundi-los com simples sonhadores ou mesmo com vigaristas. Entretanto, são eles que, na busca pelo sucesso, proporcionam a outros indivíduos emprego, segurança e renda. Sem os empreendedores, o cenário empresarial se torna repetitivo e sem graça, fazendo com que até os burocratas desejem o surgimento de alguém com vivacidade e coragem suficientes para fazer as coisas acontecerem.